ILONA EINWOHLT
BIANCA SCHAALBURG

GIRLS!
WAS COOLE MÄDCHEN WISSEN MÜSSEN

SAUERLÄNDER

INHALT

PUBERTÄT UND KÖRPER 4

FREUNDE UND FAMILIE 40

LIEBE UND GEFÜHLE 54

SEX UND INTIMITÄT 68

SCHON ZU ENDE?

PUBERTÄT UND KÖRPER

KOMMEN DIR DIESE AUSSAGEN BEKANNT VOR?

Ich habe Stress in der Schule.

Ich weiß nicht, wo ich hingehöre.

In letzter Zeit schwitze ich stark und rieche anders.

Niemand versteht mich

Ich finde es peinlich, wenn sich Charaktere im Film küssen.

Auf meiner Nase leuchtet ein Pickel.

Ich würde gerne wissen, wie Küssen geht.

Meine Eltern nerven total!

Ich habe mein erstes Schamhaar entdeckt.

Ich träume oft vor mich hin.

Mir wachsen Haare an den Beinen.

Ich habe häufig schlechte Laune und weiß nicht, wieso.

Ich habe das Gefühl, dass meine Brüste wachsen.

Ich habe meine Periode bekommen.

Meine Klamotten von letztem Jahr passen mir nicht mehr.

Manchmal könnte ich die ganze Welt umarmen.

Meine Eltern sind mir total peinlich.

Am liebsten würde ich ganz viel schlafen.

Manchmal kribbelt es in meinem Bauch und in meiner Scheide.

Ich vergesse ständig etwas.

HILFE, MEIN HIRN!

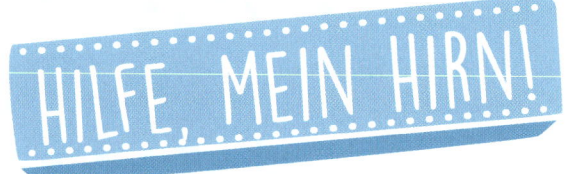

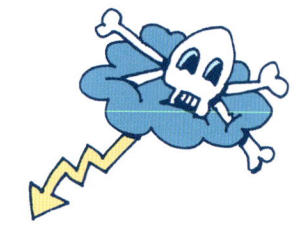

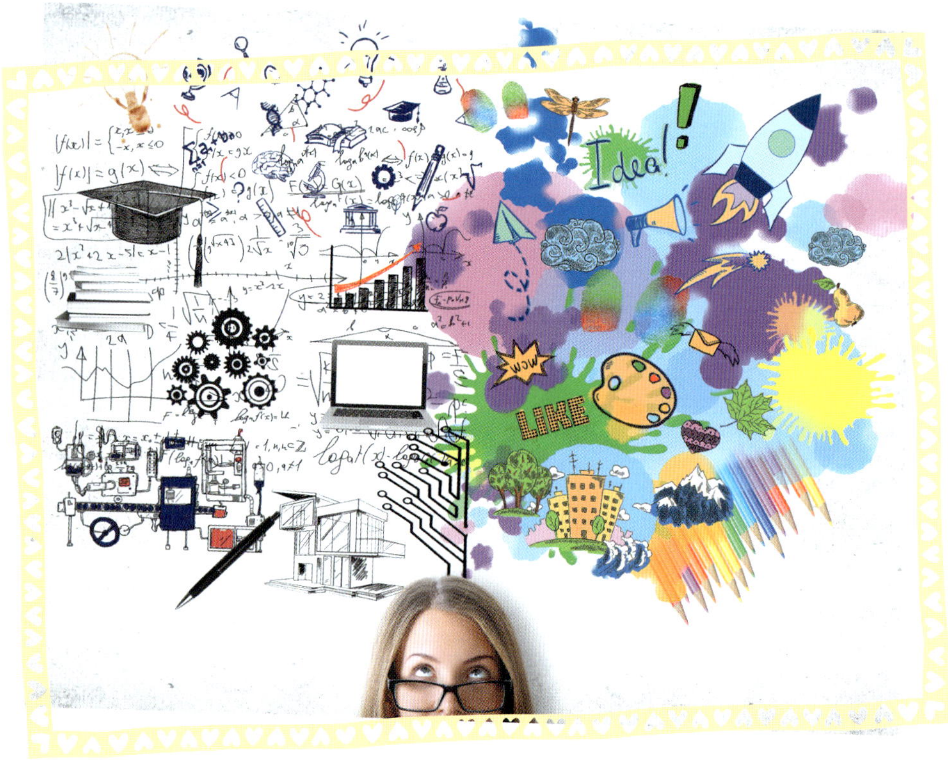

Egal, ob du noch weit davon entfernt bist, am Anfang stehst oder sogar schon mittendrin steckst in der Pubertät: **Es ist gut, wenn du dich auskennst.** Wie das bei dir verläuft und ab wann, liegt an deinem ganz persönlichen Entwicklungsplan oder genauer: an deinem Gehirn! Dort sendet deine Steuerungszentrale (= der Hypothalamus) das Signal an die Hirnanhangdrüse (= Hypophyse), dass es jetzt losgeht! Je nach Programmierung (= individuelle Veranlagung) werden jetzt Hormone ausgeschüttet, die deinen Körper in alle Richtungen reifen, wachsen, sprießen lassen. **Du entwickelst dich vom kleinen Mädchen zur geschlechtsreifen Frau.**

In der Pubertät ist dein Gehirn eine einzige Baustelle! Das hast du wahrscheinlich längst gemerkt: Du bist gereizter, müder, vergesslicher als sonst. Du hast schlechte Laune, grundlos, einfach so. Oder du könntest fliegen vor Glück. Und denkst überhaupt nicht weiter nach, sondern machst einfach, was dir in den Sinn kommt, Mutproben, volle Kanne Risiko. Was dir – und deinem Umfeld – manchmal das Leben so schwer macht, ist ein genialer Trick deines Körpers: Dein Gehirn prüft, ob es das bisher Gelernte gebrauchen kann oder nicht, verstärkt genutzte Verbindungen, verknüpft die Nervenzellen (= Synapsen) neu – und legt alles still, was ihm überflüssig erscheint. Bis sich das alles wieder sortiert hat, deine Hirnareale richtig miteinander arbeiten und **du vernünftig und erwachsen denken und handeln kannst**, vergeht einige Zeit, in der du wenig Kontrolle über deine Impulse hast. Es sei denn, du achtest darauf, weil du jetzt weißt, was mit dir los ist.

ALLES HORMONE

Hormone spielen im menschlichen Körper eine wichtige Rolle, das ganze Leben lang. Die biochemischen Botenstoffe werden von verschiedenen Drüsen im Körper gebildet und ausgesendet. Bei Mädchen sind das unter anderem Östrogene, die Eierstöcke und Brüste wachsen lassen, bei Jungs unter anderem Testosteron, das für Brusthaare und Stimmbruch verantwortlich ist. Hormone sorgen zum Beispiel außerdem dafür, dass du gute Laune hast (Dopamin), du Energiereserven mobilisierst (Adrenalin), schlafen kannst (Serotonin, Melatonin), gut verdaust (Insulin, Thyroxin), dich verliebst (Oxytocin) und Lust auf Sex hast (Testosteron).

Und all das ist superanstrengend. Zu allem Überfluss ist dein Gehirn in dieser Zeit weniger gut durchblutet. Das alles erklärt, warum du oft müde oder schlapp bist, warum deine Gefühle Achterbahn fahren und deine Laune von jetzt auf gleich ins Tiefgeschoss fährt, um dich kurz darauf wieder auf Wolke sieben schweben zu lassen. Kein Wunder also, dass du während dieser Zeit sehr sensibel und unsicher bist, auf jedes Wort reagierst und dir alles zu Herzen nimmst. **Klar, denn nichts ist an dir mehr so, wie es einmal war!**

Relax!
Wenn es dir mal wieder nicht so gut geht, leg dich ins Bett und zieh dir die Decke über den Kopf, tauche ab, schlafe, ruhe dich aus. Oder geh eine Runde an die frische Luft. Ohne Handy oder andere Ablenkung.

Dein Körper verändert sich während der Pubertät.
Deine Beine werden länger, deine Hüften runder,
deine Brüste wachsen. Du wächst und wirst größer.
Das fühlt sich befremdlich und seltsam an, als ob
all diese Körperteile nicht zu dir gehören. Logisch,
dass du in dieser Zeit ordentlich Appetit hast und
an Gewicht zulegst. Das sollte dir keine Sorgen
machen. Das ist normal! **Je besser du jetzt auf deine
Gesundheit und Ernährung achtest, desto fitter
fühlst du dich.**

Vergiss die Schönheitsbilder in den Medien und mach dein eigenes Ding!
Das ist leichter gesagt als getan. Aber je eher du dir klarmachst, dass all
diese Aufnahmen und Videos geschönt, gefakt und gemogelt sind, desto
einfacher wird es für dich, zu dir und deinem Körper zu stehen.

TIPP

Diese Körperwohlfühl-
Tipps tun dir jetzt gut!
♥ Sport – weil du auf diese Weise
deine Körperkraft spürst. ♥ Frische Luft –
weil du deine Zellen mit Sauerstoff versorgst.
♥ Bewegung – weil du damit deinen Stoffwechsel anregst. ♥ Bewusste Ernährung –
weil du damit gesund und fit bleibst.
♥ Tanzen – weil du damit alles um dich
herum vergessen kannst.

Fakt ist: **Pickel gehören zur Pubertät wie Erdbeereis in die Waffel.** Solange deine Hormone Achterbahn fahren, so lange ist auch deine Haut in Aufruhr. Mitesser sowie kleine und große Pickel zeigen sich und deine Haut ist unruhig, fettig und glänzt. Damit du nicht wie ein leuchtender Streuselkuchen herumlaufen musst und dich in deiner Haut wohlfühlst, kannst du etwas tun.

PUBERTÄTSAKNE

INFO

⭐ Wenn sich neben Mitessern und Pickeln eitrige Pusteln im Gesicht und am Rücken bilden, spricht man von **AKNE**. In diesem Fall kann dir eine Hautärztin oder ein Hautarzt helfen und dir entsprechende Salben und Medikamente verschreiben.

⭐ **FLACHWARZEN** sind lästig, ansteckend und treten häufig während der Pubertät an Gesicht, Handrücken und Unterarmen auf. Meistens verschwinden sie nach ein bis zwei Jahren von selbst, weil sich das Immunsystem stabilisiert hat. Aber meistens sind sie so unschön, dass man sie lieber von Arzt oder Ärztin behandeln lassen sollte.

⭐ **PICKEL** sprießen besonders gerne bei Stress, Rauchen, Bewegungsmangel, Alkohol, Fertiggerichten und zuckerhaltigen Lebensmitteln.

★ **MITESSER** (Komedonen) sind erweiterte Haarfollikel, die mit Talg, Keratin und Bakterien gefüllt sind. Meistens findest du die „Fresser" auf Nase, Kinn und Rücken. Sie sind schwarz, weil der Talg an der Hautoberfläche mit Sauerstoff reagiert hat. **IM MITTELALTER** hielt man die schwarzen Punkte im Gesicht für Parasiten bzw. Würmer, die sich in der Haut befanden. Daher auch der Name Mitesser! Man bestrich die betroffenen Stellen mit Honig, in der Hoffnung, damit die Würmer herauszulocken ... Das Sprichwort: „Jemandem Würmer aus der Nase ziehen." hat hier seinen Ursprung.

INFO

Wenn die Poren verstopft sind und das Hautfett nicht mehr abfließen kann, bilden sich Pickel. Normalerweise sorgen Talgdrüsen dafür, dass die Haut weich und geschmeidig bleibt. Während der Pubertät produzieren die Talgdrüsen jedoch oft mehr Fett, wodurch die obere Hautschicht schnell verstopft und verhornt – ein Pickel entsteht. Sammeln sich dann noch Bakterien, kann er sich entzünden und Eiter bilden. Meistens heilen die Pickel von alleine ab. Also niemals daran herumquetschen oder versuchen, sie auszudrücken, das macht die Sache nur schlimmer.

REINE HAUTSACHE

Pickel und Mitesser mitten im Gesicht verführen gerne, an ihnen herum-zudrücken. Aber damit wird die Haut noch unschöner und entzündet sich, anstatt porentief rein und klar zu sein. **Pickel lassen sich zwar leider nicht vermeiden, aber eine speziell auf deinen Hauttyp abgestimmte Pflege hilft, dein Hautbild zu verbessern.** Regelmäßige Reinigung mit Waschlotion, Gesichtswasser und ab und zu ein Peeling oder eine Maske sorgen für einen frischen Teint.

MASKEN FÜR SCHÖNE HAUT

INFO

FÜR ALLE MASKEN GILT: Einmal pro Woche anwenden reicht. Beim Auftragen Mund- und Augenpartie aussparen und nach dem Einwirken gründlich mit warmem Wasser abspülen. Anschließend die Haut mit einem passenden Pflegeprodukt eincremen. Und unbedingt während der Einwirkzeit entspannen!

TIPP

Zwiebel-Biene

Riecht komisch, wirkt aber antibakteriell (Zwiebel) und entzündungshemmend (Honig). Erwärme drei Esslöffel Honig in einem Topf und rühre eine große gehackte Zwiebel unter. Nach dem Abkühlen trägst du die Masse schön dick auf dein Gesicht auf. Eine halbe Stunde einwirken lassen.

TIPP

Kartoffelgesicht

Zerdrücke eine große, heiße Kartoffel, vermische sie mit einem Eigelb und etwas Milch zu einer cremigen Masse. Trage die lauwarme Maske sorgfältig auf und lass die Maske etwa 20 Minuten einwirken. Die Kartoffel wirkt gegen Hautunreinheiten.

TIPP

Hefemaske

Löse einen Würfel frischer Hefe in fünf Esslöffeln lauwarmer Milch auf und verrühre alles zu einem streichfähigen Brei, den du anschließend großzügig auf dein Gesicht aufträgst. Nach dem Trocknen abwaschen. Hefe regt die Durchblutung der Haut an, hilft beim Entgiften und wirkt ausgleichend.

HIPP, HIPP, HAARE!

Während der Pubertät verändert sich auch die Körperbehaarung. Erst sprießen deine Schamhaare, dann die unter den Achseln. Sie sind meistens schwarz, manchmal auch blond oder rötlich, die meisten sind gelockt. Im Schambereich sorgt die Behaarung dafür, dass keine Keime und Bakterien in die Vagina gelangen. Außerdem sorgen sie für eine natürliche „Belüftung" der Schamlippen in diesem naturgemäß feuchten Bereich. Auch die Haare an deinen Beinen werden dunkler. **Achselhaare haben eine besondere Funktion:** Sie nehmen Schweiß auf und helfen damit, den Körper zu kühlen. Außerdem transportieren sie Sexuallockstoffe (Pheromone) und verhindern die Abreibung der Haut in den Achselhöhlen. Jeder Achselschweißgeruch riecht anders.

DAS GEN FÜR UNSERE KÖPERBEHAARUNG stammt noch aus der Zeit, als wir alle ohne Kleidung herumliefen und keine Heizung hatten. Je nach Veranlagung hast du unterschiedlich farbige und dicke Haare.

INFO

Ob du dich rasieren magst, weil es gerade gängige Mode ist, ist deine ganz persönliche Entscheidung. Die einen freuen sich, dass endlich Schamhaare da sind, andere finden es nicht schön, wenn schwarze Härchen aus der Unterhose herauslugen oder unter den Achseln sichtbar sind. Übrigens: Schamhaare wachsen etwa einen Zentimeter pro Monat, nach ca. sechs Monaten fallen sie von alleine aus.

KLEINES LEXIKON DER HAARENTFERNUNG

♥ **TRIMMEN**: Mit einer sauberen kleinen Schere kürzt du deine Achsel- und/oder Schamhaare auf die gewünschte Länge.

♥ **NASSRASIERER**: Gibt es als Einwegrasierer oder mit austauschbaren Klingen in verschiedenen Größen und funktioniert am besten unter der Dusche mit Rasierschaum.

♥ **GLÜCKLICHE HAUT**: Vor dem Rasieren gut einschäumen und hinterher gut eincremen. Durch stumpfe Klingen können Hautreizungen entstehen. Lieber öfter wechseln.

♥ **TECHNIK**: Vorsichtig in Wuchsrichtung mit der Klinge über die Haut fahren, besonders achtsam sein an schwierigen Stellen wie Knie und Ferse.

♥ **BIKINIZONE**: So nennt man die von Schamhaaren bewachsene Zone. Hier besonders vorsichtig sein, vor allem bei der Rasur der Schamlippen.

♥ **ENTHAARUNGSCREME**: Einfach auftragen, einwirken lassen, abspülen, fertig. Wirkt mit viel Chemie, die die Haare auflöst. Vorsichtig bei Allergien.

♥ **LADYSHAVER**: Das ist ein elektrischer Rasier-apparat, nicht so gründlich, dafür ohne Verletzungs-gefahr.

♥ **WACHS**: Auch „Waxing" oder „Sugaring" ge-nannt; funktioniert wie ein großes Pflaster,das man auf die Haut drückt. Beim Abziehen werden die Haare mit der Wurzel ausgerissen.

♥ **EPILIERGERÄT**: Einfach in der Anwendung, jedoch eine ziepende Haarziehmethode, hält dafür bis zu vier Wochen.

SCHWITZEN UND SCHWEISS

Schwitzen ist eine natürliche Körperfunktion. Bis zu zwei Liter Wasser täglich gibt unsere Haut über die unzähligen Schweißdrüsen ab, meistens während wir schlafen. Aber auch bei Hitze, Sport oder Fieber hilft der Schweiß, die Körpertemperatur zu regulieren. **Frischer Schweiß riecht nicht!** Erst beim Verbleib auf der Haut und durch das Zersetzen durch Bakterien entstehen die unangenehmen Gerüche. Durch die sogenannten apokrinen Drüsen werden Lockstoffe ausgesandt. Diese „Duftdrüsen" sitzen insbesondere in der Achselhöhle, im Genitalbereich und an den Brustwarzen, arbeiten aber erst ab der Pubertät und der Geschlechtsreife. Deshalb riechst du jetzt auch etwas anders als bisher.

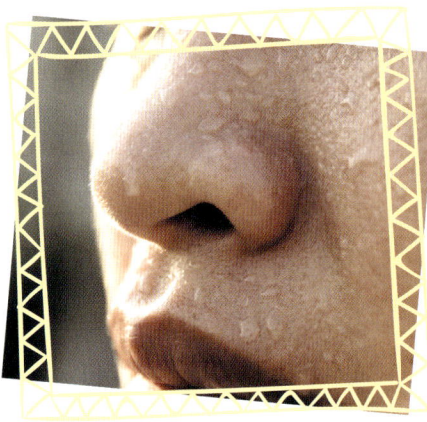

Deos verhindern nicht das Schwitzen, sondern sorgen für einen frischen Geruch. Bestimmte Produkte mit Aluminiumsalzen verschließen die Schweißdrüsen, zu viel Chemie tut deinem Körper jedoch nicht gut. Wenn du übermäßig viel und scheinbar grundlos schwitzt, lass dich von einem Arzt beraten. Manchmal sind Hormone dafür verantwortlich, manchmal aber auch Stress und Angst oder bestimmte Medikamente, die du regelmäßig einnehmen musst. **Viel Schwitzen ist während der Pubertät normal.**

TIPP

Tipps gegen das Schwitzen

♥ Ob Füße, Poritze oder Achseln, regelmäßige Spülungen mit Salbeitee reduzieren die Schweißproduktion. ♥ Schweißtreibende Lebensmittel wie Kaffee, schwarzen Tee, Alkohol, scharfe Gewürze meiden. ♥ Bei übermäßigem Schwitzen zwischendurch duschen oder die Achseln waschen – und das T-Shirt wechseln. ♥ Ausreichend trinken, am besten Fruchtschorlen und Wasser. ♥ Trage nach Möglichkeit Kleidung aus Baumwolle. Polyester & Co. verstärken den Schweißgeruch nur noch.

Vermehrte Talgdrüsenproduktion = fettige Haut = fettige Haare.

Auch hier ist regelmäßige Pflege angesagt. Wasche deine Haare täglich mit einem milden Shampoo ohne Silikone und gönne ihnen einmal pro Woche eine Haarmaske oder -spülung. Achte darauf, dass du deine Haare nicht „überpflegst" und dein Taschengeld nicht unnötig in Pflegeprodukte steckst. Ein guter Haarschnitt ist manchmal die bessere Investition. Auch bei Spliss- oder Schuppenproblemen kann dir ein Friseurbesuch helfen.

TIPP

Honig-Haarmaske

Zwei Esslöffel Joghurt mit zwei Esslöffeln Honig verrühren und auf das gewaschene Haar geben. Unter einem Handtuch 10 Minuten einwirken lassen und anschließend mit viel warmem Wasser ausspülen.

TIPP

Zitronenspülung

Den Saft von zwei ausgepressten Zitronen mit 0,25 Liter Wasser vermischen und in Haare und Kopfhaut einmassieren. Etwa fünf Minuten einwirken lassen und mit lauwarmem Wasser ausspülen.

BRÜSTE FÜR DICH!

Dein Körper wächst und deine Figur wird weicher, **du wirst langsam, aber sicher eine Frau.** Ein deutlich sichtbares Zeichen dafür ist das Wachstum deiner Brüste (weshalb sie auch zu den sekundären Geschlechtsmerkmalen zählen). Zuerst verändern sich deine Brustwarzen, sie werden dunkler und bilden kleine Knubbel, unter denen sich die Milchdrüsen entwickeln. Während deine Brüste wachsen, können sie sehr berührungsempfindlich sein, manchmal spürst du vielleicht auch ein leichtes Ziehen. Das ist normal und hört auf, sobald du und deine Brüste ausgewachsen seid – und das dauert bis zu deinem 21. Lebensjahr.

TIPP

Tipps für einen schönen Busen

♥ Wechselduschen oder Abreibungen mit einem Eiswürfel sorgen für eine gute Durchblutung und dementsprechend für eine straffe Haut. ♥ Creme dein Dekolleté und deine Brüste regelmäßig ein. ♥ Wähle einen passenden Sport-BH, um das Bindegewebe ausreichend zu stützen. ♥ Trainiere deine Brustmuskulatur, z. B. mit Liegestützen oder Schwimmen. ♥ Kopf hoch, Brust raus – sorge für eine aufrechte Haltung. Das sieht nicht nur besser aus, sondern verschafft dir auch Selbstbewusstsein.

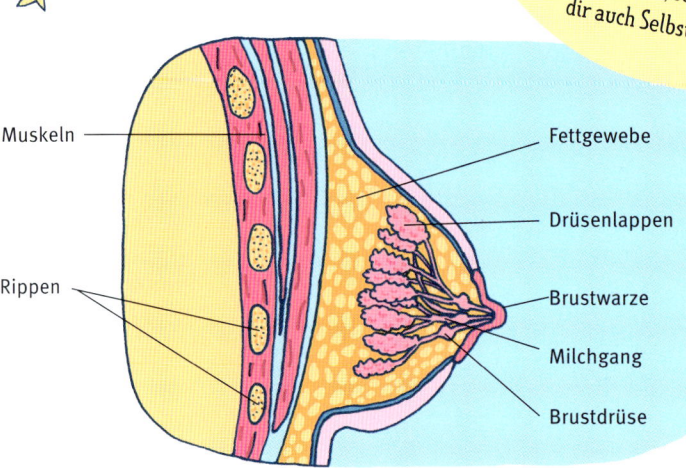

Muskeln

Rippen

Fettgewebe

Drüsenlappen

Brustwarze

Milchgang

Brustdrüse

Unabhängig von der Größe produzieren die Milchdrüsen in der weiblichen Brust Milch für das Baby, solange es gestillt wird.

JEDER BUSEN SIEHT ANDERS AUS!

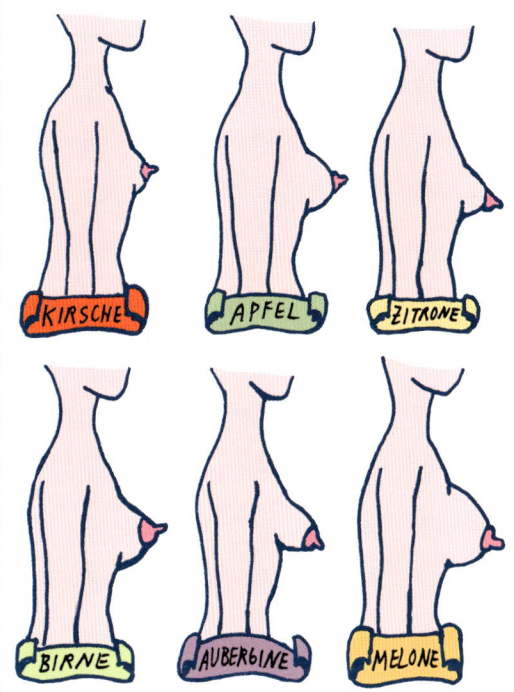

Es gibt auch verschiedene Brustwarzenformen und -farben. Brustwarzen sind sehr empfindlich und reagieren auf jede Berührung.
Sogar deine linke und deine rechte Brust sind bei genauem Hinsehen etwas unterschiedlich. Doch ob klein oder groß, Kirsche oder Melone, mit dunklen oder hellen Brustwarzen, **deine Brüste sind genau richtig und passen zu dir, ohne Frage!**

Wenn Männer oder Jungs auf deine Brüste schauen, dann musst du dir das nicht gefallen lassen. Wehr dich, wenn es dir unangenehm ist. Oder sprich mit einer Vertrauensperson, wenn es jemand aus deinem Umfeld ist. **Lass dir keine blöden Sprüche gefallen und dich nicht auf dein Äußeres reduzieren!** Es gilt aber auch: Nicht jeder Blick ist ein sexueller Übergriff.

WUNDERBAR, EIN BH!

Ein BH stützt das Bindegewebe und beugt einem Hängebusen vor. Ob du auch bei kleinen Brüsten einen BH trägst, ist Geschmackssache. **Deine Brust verändert sich im Laufe deines Lebens**, je nach Gewicht, ob man die Pille nimmt oder während der Schwangerschaft und Stillzeit.

WELCHER BH PASST ZU DIR?

BANDEAU = Trägerloser BH (für schulterfreie Tops und Kleider)

BALCONETTE = BH mit Außenträgern (betont Brust und Dekolleté)

BÜGEL = BH mit eingenähten Bügeln (stützt, hebt, formt)

BUSTIER = enganliegendes Trägertop

HAFTSCHALEN = selbsthaftend (perfekt für enge rückenfreie Kleider)

MINIMIZER = lässt größere Brüste kleiner wirken

PUSH-UP = lässt kleinere Brüste größer wirken

SPORT-BH = BH mit funktioneller Stütze, verrutscht nicht

TRIANGEL = Dreiecks-BH (besonders geeignet für kleine Brüste)

Dein BH muss zu dir passen. Nimm am besten deine Mutter oder eine Freundin, die sich bereits auskennt, zum Einkaufen mit. Deine Brust muss ins Körbchen passen und die Träger richtig eingestellt werden, damit nichts verrutscht oder kneift. In einem Dessous-Fachgeschäft wirst du ausführlich beraten und kannst so viele BHs ausprobieren, bis du den richtigen gefunden hast. **Nimm dir unbedingt Zeit zum BH-Kaufen**, denn er sollte gut sitzen, dann sieht er am Ende unter deinem Pulli oder T-Shirt auch gut aus. Und gefallen muss er dir natürlich auch!

TIPP

Deine BH-Formel:
Passform, Sitz, Stütze, Toll
= PASST!

INFO

SO FINDEST DU DIE RICHTIGE BH-GRÖSSE FÜR DICH, STEP BY STEP:

STEP 1: Die Oberbrustweite gibt die Körbchengröße an, von AA bis DD oder mehr.
STEP 2: Die Unterbrustweite gibt die Größe an.
STEP 3: Schau in der Tabelle nach, welche BH-Größe du brauchst.

UNTER-BRUSTWEITE IN CM	CUP AA	CUP A	CUP B	CUP C	CUP D	CUP DD/E	BH-GRÖSSE
68 – 72	80–82	82–84	84–86	86–88			70
73 – 77	85–87	87–89	89–91	91–93	93–95	95–97	75
78 – 82	90–92	92–94	94–96	96–98	98–100	100–102	80
83 – 87	95–97	97–99	99–101	101–103	103–105	105–107	85
88 – 92	110–102	102–104	104–106	106–108	108–110	110–112	90
93 – 97		107–109	109–111	111–113	113–115	115–117	95
98–102		112–114	114–116	116–118	118–120	120–122	100
103–107			119–121	121–123	123–125	125–127	105
108–112			124–126	126–128	128–130	130–132	110

VOM MÄDCHEN ZUR FRAU

Nicht nur äußerlich sichtbar tut sich was bei dir, **auch innerlich entwickeln sich deine Geschlechtsorgane jetzt vom Mädchen zur Frau:** Deine Gebärmutter und die Eierstöcke, die sich von Geburt an in deinem Unterleib befinden und bereits richtig ausgebildet sind, nehmen jetzt dank der hormonellen Signale deines Gehirns ihre Arbeit auf: Die meisten Mädchen bekommen zwischen ihrem 9. und 15. Lebensjahr ihre Periode. **Sie ist ein klares Zeichen deiner Weiblichkeit, auf das du stolz sein solltest.**

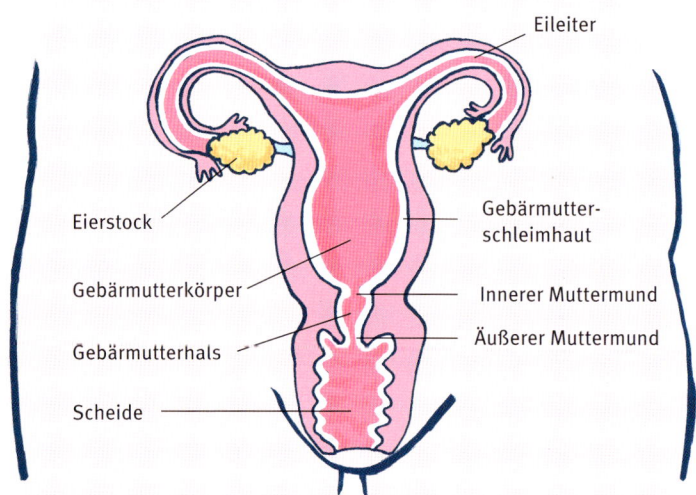

Eileiter

Eierstock

Gebärmutterschleimhaut

Gebärmutterkörper

Innerer Muttermund

Äußerer Muttermund

Gebärmutterhals

Scheide

Tägliche Körperhygiene versteht sich von selbst. Verwende dazu ein mildes Duschgel und verzichte auf Intimlotion. Auch wenn die Hersteller das Gegenteil behaupten, zerstörst du damit nur das natürliche Hautmilieu deiner Vagina und machst sie somit anfälliger für Infektionen. Keine Frau und kein Mädchen riecht – auch nicht während der Periode! – so stark, als dass hier eine Sonderbehandlung nötig wäre.

TiPP

Schau dich an!

Zeichnungen aus dem Bio-Buch sind eine Sache. Viel besser ist es, wenn du dich einmal in Ruhe mit einem Spiegel betrachtest und feststellst, wie schön du bist und wie sich deine Schamlippen und dein Kitzler (die kleine „Perle" der Klitoris, siehe dazu auch „Die Venus in dir" auf Seite 70/71) anfühlen.

Vielleicht spürst du ein leichtes Ziehen im Unterleib, vielleicht bemerkst du vermehrten Ausfluss in deiner Unterhose, den Weißfluss – all das sind Anzeichen dafür, dass du bald deine Periode bekommst. Normalerweise verschließt fester weißer Schleim (auch Zervixschleim genannt) den Muttermund der Gebärmutter, um sie vor Keimen zu schützen. Kurz vor dem Eisprung löst er sich auf, wird dünnflüssig und macht damit die Bahn frei für den männlichen Samen. Nach dem Eisprung wird er wieder fester.

Der sogenannte Weißfluss ist glasig-weißlich und kein Grund zur Sorge. Nur wenn er juckt oder brennt, solltest du zum Frauenarzt oder zur Frauenärztin, um eine Infektion auszuschließen und dich im Fall der Fälle entsprechend behandeln zu lassen. Verwende Slipeinlagen, wenn dich das „nasse Gefühl" in der Unterhose stört, ansonsten reicht tägliches Wäschewechseln völlig.

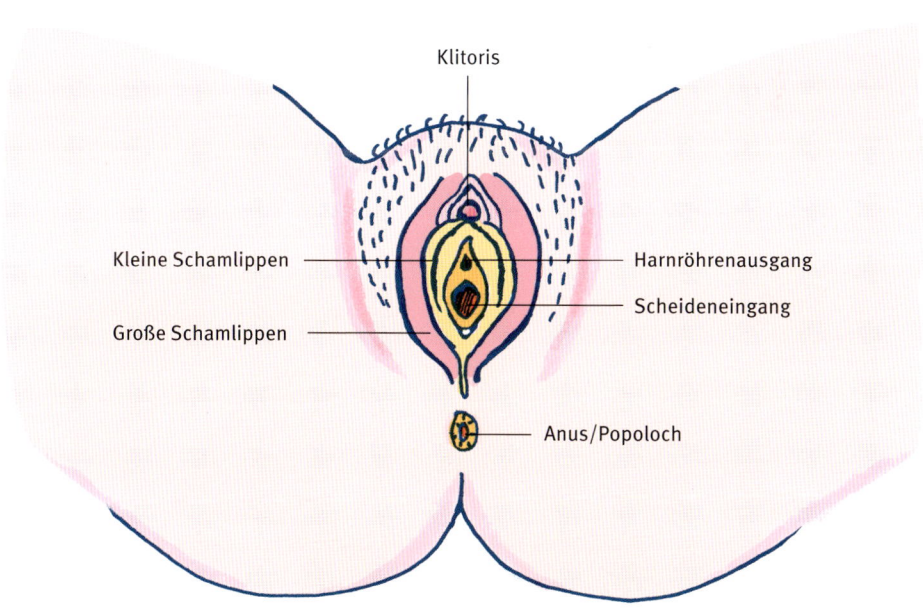

Klitoris

Kleine Schamlippen

Große Schamlippen

Harnröhrenausgang

Scheideneingang

Anus/Popoloch

DER MENSTRUATIONSZYKLUS

In deinen Eierstöcken reift nun Monat für Monat eine Eizelle heran, die mit dem Eisprung durch die Eileiter in die Gebärmutter wandert und dort auf die Befruchtung durch eine männliche Samenzelle wartet. Die Gebärmutter richtet sich darauf mit ordentlich gut durchbluteter Schleimhaut ein, schließlich soll sich das Baby darin ja gesund und versorgt entwickeln. **Findet keine Befruchtung statt, löst sich die Eizelle auf und es kommt zur Blutung, bei der die Gebärmutter „aufräumt" und sozusagen das bereitgestellte Babynest entsorgt.** Dann beginnt der Prozess wieder von vorne. Da dieser Vorgang regelmäßig im Abstand von ca. 21 bis 32 Tagen stattfindet, spricht man von einem Zyklus. Abhängig von Veranlagung, Stress, Gewicht und anderen Faktoren wie Ernährung und sozialem Umfeld ist er bei jedem Mädchen unterschiedlich. **Für die Regel gibt es keine Regel!** Andere Wörter für Periode sind Tage, Menstruation, Blutung oder Regel. Was sagst du?

TIPP

Reden hilft

Auch wenn es dir vielleicht peinlich ist. Ob deine beste oder eine ältere Freundin, Mutter oder Oma, sie alle haben einen weiblichen, starken Körper und ganz bestimmt den einen oder anderen Tipp für dich. Du bist mit deinen Körpererfahrungen nicht alleine. Frag doch mal, wie es bei ihnen ist oder war!

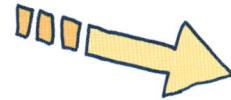

1 Regelmäßig reift in einem der Eierstöcke ein Ei heran, das dauert etwa zwei Wochen (erste Zyklushälfte).

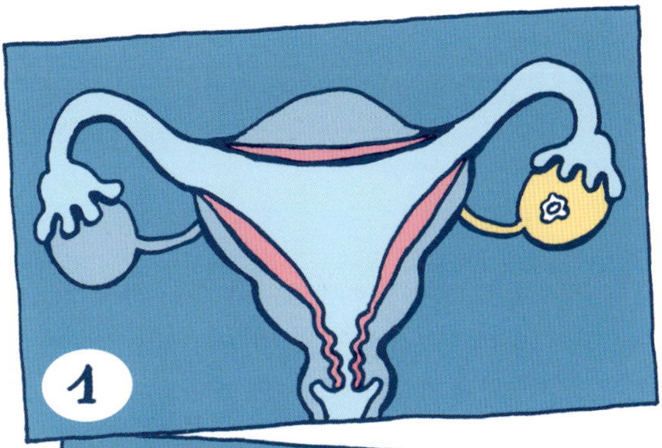

2 Um den 14. Tag herum „springt" das Ei vom Eierstock in den Eileiter.

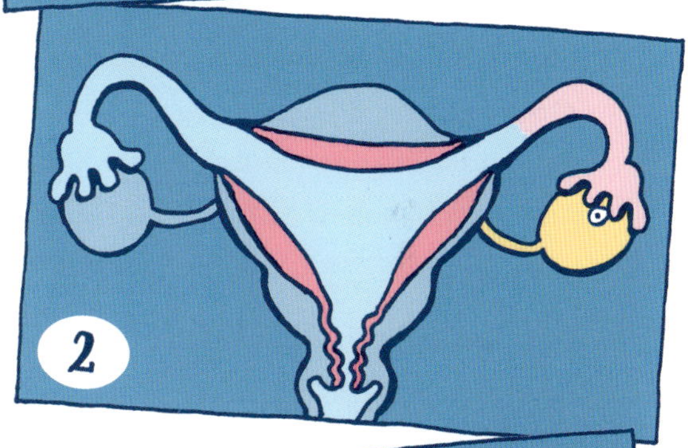

3 Die Eizelle wandert vom Eileiter in die Gebärmutter und wartet auf die Befruchtung. Das dauert auch etwa zwei Wochen. Die Gebärmutter ist inzwischen dick mit Schleimhaut ausgepolstert (zweite Zyklushälfte).

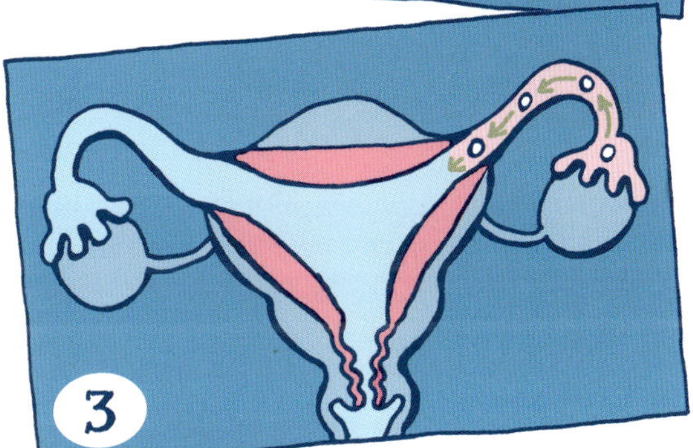

4 Wird das Ei nicht befruchtet, löst es sich auf und die nicht mehr benötigte Schleimhaut wird ausgeschieden, die Blutung setzt ein. Dann reift wieder ein neues Ei heran, ein neuer Zyklus beginnt.

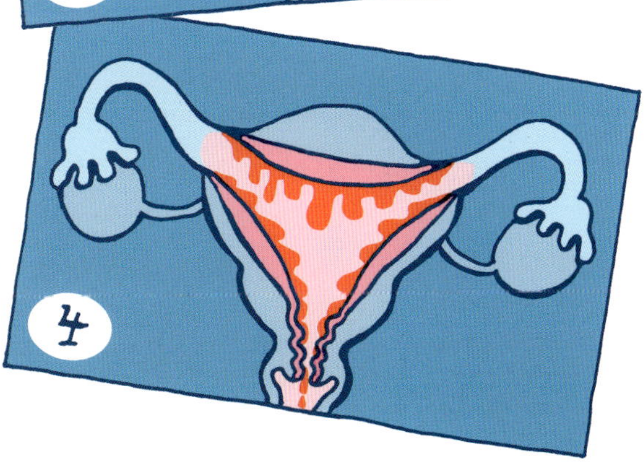

RUND UM DIE PERIODE

Für ein gutes Körpergefühl schreibe dir am besten auf, wann du deine Tage bekommst, wie dein Zyklus verläuft und was dir noch dazu auffällt. Vielleicht spürst du sogar deinen Eisprung? Meistens zieht es dann auf einer Seite, weil fast immer nur ein Eierstock aktiv ist. Der Eisprung findet meist um den 14. Tag herum nach Eintreten der Blutung statt, man spricht von den „fruchtbaren Tagen" (siehe auch „So entsteht ein Baby" auf Seite 34/35). Bei den meisten Mädchen verläuft die Periode normal und ohne größere Probleme, ein bisschen Bauchzwacken, mehr spüren sie nicht. Andere dagegen haben Schmerzen oder gar Krämpfe oder bluten sehr viel. Wie ist es bei dir?

TIPP

Mach's dir gemütlich!

Viele Mädchen haben während ihrer Periode das Bedürfnis, alleine zu sein und sich zurückzuziehen. Wärme tut immer gut, also Wollsocken an und Wärmflasche auf den Bauch. Besorge dir in der Apotheke oder Drogerie einen leckeren Tee, es gibt auch spezielle Frauen- oder Tagetees. Mit frischen oder Tiefkühl-Himbeeren sorgst du für eine Extraportion Vitamine und Entkrampfung.

GEBÄRMUTTERSCHLEIMHAUT BAUT SICH AUF

GEBÄRMUTTER-SCHLEIMHAUT

1 2 3 4 5 6 7 8 9 10 11 12 13 14 15 16 17 18 19 20 21 22 23 24 25 26 27 1 2 3 4 5

28

Periode

EISPRUNG

Periode

Häufig wird der Zyklus mit 28 Tagen so wie hier dargestellt. Er kann aber auch stark variieren, z. B. nur 21, 25 oder auch 30 Tage haben.

FRAGEN ÜBER FRAGEN

⭐ **Meine Periode kommt und kommt nicht.**
Wann du deine Periode zum ersten Mal bekommst, ist von vielen Faktoren abhängig, unter anderem von Gewicht, Stress und Veranlagung. Manche Mädchen bekommen sie auch erst mit 16.

⭐ **Ich habe während der Periode starke Bauchschmerzen.**
Starke Schmerzen solltest du immer ärztlich abklären lassen!

⭐ **Ich fühle mich während meiner Periode unwohl.**
Das ist normal. Gönn dir eine Pause, leg dich mit einer Wärmflasche auf dem Bauch ins Bett und ruhe dich aus. Mit der Zeit findest du heraus, was dir guttut.

⭐ **Ich habe vor meiner Periode immer schlechte Laune.**
Stimmungsschwankungen während der Pubertät sind normal. Durch die Hormon-umstellung vor und während der Periode auch. Versuche dennoch, sie in den Griff zu kriegen und sie nicht an deinen Mitmenschen auszulassen.

⭐ **Ich habe Angst, dass ich zu viel Blut verliere.**
Auch wenn es nach mehr aussieht: Keine Sorge, mehr als eine halbe Tasse ist es so gut wie nie!

⭐ **Ich blute nachts immer die Unterhose durch und verschmutze das Bettlaken.**
Das kann passieren, weil du nachts Tampon und Binde nicht wechseln kannst. Verwende spezielle Nachtbinden und schütze deine Matratze zusätzlich mit einem Handtuch oder einem Bettlaken. Blutflecken immer erst mit kaltem Wasser auswaschen.

⭐ **Binde oder Tampon?**
Um das Periodenblut aufzufangen, kannst du Binden oder Tampons verwenden. Probiere aus, was du magst und zu dir passt, das ist deine ganz persönliche und individuelle Entscheidung.

BINDE, TAMPON & CO.

Binden sind saugfähige Vliese, die in die Unterhose geklebt werden und das Blut außerhalb deines Körpers aufsaugen. Sie sind supereinfach in der Anwendung und für niemanden sichtbar (auch wenn das manche behaupten) oder auch wenn es sich erst mal seltsam anfühlt. Wechsele je nach Bedarf alle zwei bis sechs Stunden. Es gibt Binden in unterschiedlichen Stärken und Längen. Probiere aus, mit welchem Produkt du gut klarkommst! **Slipeinlagen** sind die kleinen Schwestern von Binden und sorgen für täglichen Wäscheschutz.

Ein **Tampon** ist ein zusammengerolltes Viskosevlies, das in die Scheide eingeführt wird und dort die Blutung aufsaugt, wo sie entsteht. Der Tampon wird tief in die Scheide eingeführt, fühle am besten zunächst mit einem sauberen Finger vor, wohin überhaupt die Reise geht. Wenn du deine Periode hast, ist deine Scheide feucht genug, damit du den Tampon leicht einführen kannst.

Eine **Menstruationstasse** ist eine Art Mini-trichter aus medizinischem Silikon und wird wie ein Tampon in die Scheide eingeführt. Dort liegt sie direkt vor dem Muttermund und fängt vor Ort das Blut auf, sodass nichts auslaufen kann. Zum Reinigen reicht einfach warmes Wasser. Einmal angeschafft, hält die Menstruationstasse über viele Jahre. Das spart somit Geld und schont die Umwelt.

TIPP

Gut zu wissen:

♥ Egal, was du verwendest: Binden und Tampons musst du regelmäßig wechseln! Wickele sie in Klopapier und werfe sie in den Hausmüll, nie in die Toilette, da sie die Kanalisation verstopfen. ♥ Schwimmen während deiner Periode ist kein Problem, aus hygienischen Gründen und aus Rücksicht gegenüber anderen solltest du allerdings lieber ein Tampon verwenden (Binden weichen auf!), auch um Infektionen zu vermeiden. Badewanne ist auch okay, wobei das warme Wasser die Blutung verstärken kann.

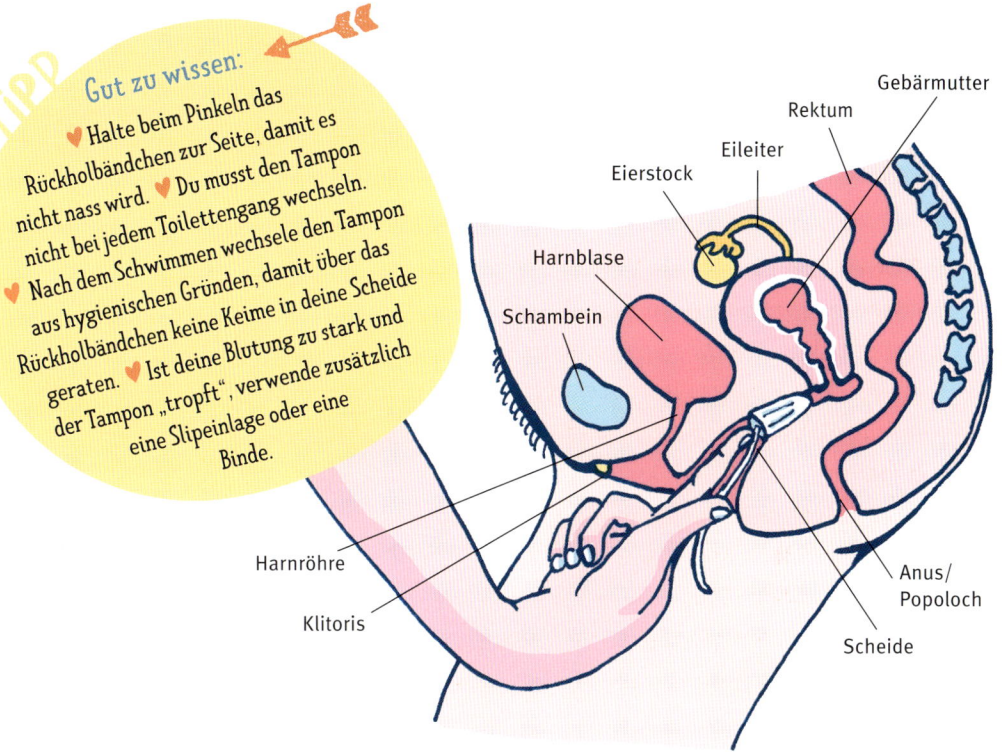

TIPP

Gut zu wissen:

♥ Halte beim Pinkeln das Rückholbändchen zur Seite, damit es nicht nass wird. ♥ Du musst den Tampon nicht bei jedem Toilettengang wechseln. ♥ Nach dem Schwimmen wechsele den Tampon aus hygienischen Gründen, damit über das Rückholbändchen keine Keime in deine Scheide geraten. ♥ Ist deine Blutung zu stark und der Tampon „tropft", verwende zusätzlich eine Slipeinlage oder eine Binde.

Eierstock · Harnblase · Schambein · Harnröhre · Klitoris · Eileiter · Rektum · Gebärmutter · Anus/Popoloch · Scheide

SO FÜHRST DU DEN TAMPON RICHTIG EIN

1 Nimm den Tampon mit sauberen Händen aus seiner Hülle, löse das Rückholbändchen und stecke deinen Zeigefinger in die kleine Kuhle am Ende des Tampons.

2 Stelle einen Fuß auf die Toilette oder auf den Badewannenrand, damit entspannst du die Muskeln rund um die Scheide, mit der freien Hand kannst du zusätzlich die Schamlippen auseinanderziehen.

3 Führe dann den Tampon ein, dabei fühlst du zuerst einen leichten Widerstand, doch dann gleitet er leicht und wie von selbst in die Scheide. Er sitzt richtig, wenn du ihn nicht spürst.

4 Wechsele den Tampon alle drei bis sechs Stunden. Wenn du am Rückholbändchen ziehst, rutscht er wie von selbst hinaus. „Flutscht" er nicht, ist es noch zu früh zum Wechseln.

BEI DER FRAUENÄRZTIN

Ein Besuch bei der **Frauenärztin** klingt zunächst nach einer unangenehmen Angelegenheit. Als gesund und normal entwickeltes Mädchen gibt es, nur weil du deine Periode hast, keinen Grund zum Besuch in der Frauenarztpraxis. Wenn du starke Regelbeschwerden hast, krampfartige Bauchschmerzen oder eine viel zu starke und lang anhaltende Blutung, ist es immer besser, dich untersuchen zu lassen und die Beschwerden abzuklären, ebenso bei übel riechendem Ausfluss und Jucken in der Schamgegend.

TIPP

Zur Vorbereitung

Am besten duschst du vorher und ziehst zum Frauenarztbesuch ein langes Hemd oder Shirt an, dann fühlst du dich „untenrum" nicht so nackt, wenn du deine Unterhose ausziehst und auf den Untersuchungsstuhl kletterst.

Mach dir klar: Was für dich super unangenehm ist, ist für sie völlig normal.
Außerdem unterliegen die Ärztinnen und Ärzte der Schweigepflicht und haben ihren Beruf gewählt, weil sie Mädchen und Frauen helfen wollen. Vertraue darauf! Wichtig ist, dass sie dir sympathisch sind.

Auch wenn es dir komisch vorkommt, mit abgespreizten Beinen in dem Untersuchungsstuhl zu liegen, ist es für dich die entspannteste Untersuchungsposition, weil dein Beckenboden locker ist und die Bauchdecke nicht verkrampft. Eine gute Frauenärztin erklärt dir während der Untersuchung, was sie macht.

In der Regel führt sie ein sogenanntes **Spekulum** ein, das ist ein entenschnabelförmiges Blechding, mit dem deine Scheide bis zum Gebärmuttermund gespiegelt, also untersucht wird. Das fühlt sich etwas kalt an, tut aber nicht weh, weil deine Frauenärztin dich mit Sicherheit einfühlsam genug untersucht.

Dann macht sie gegebenenfalls einen Abstrich. Danach tastet sie mit den Fingern nach deinen Eierstöcken, sie führt die Finger also in deine Scheide ein, während sie mit der anderen Hand von außen auf deiner Bauchdecke herumtastet. Sie wird dir sagen, wo sich der linke und der rechte Eierstock befinden.

Nach der Untersuchung ziehst du dich wieder an und es gibt, je nach Befund, ein Abschlussgespräch. Wenn du die Pille verschrieben bekommst, ist es ratsam, einmal pro Jahr zur Untersuchung zu gehen.

TIPP

Zur Unterstützung
Schreibe dir vorher alle Fragen auf, die dich beschäftigen, dann vergisst du vor lauter Aufregung nichts. Wenn dir danach ist, bitte (je nachdem) deine Freundin, Schwester, Mutter, Freund um Begleitung, damit sie im Wartezimmer auf dich warten.

SO IST DAS BEI DEN JUNGS

Auch Jungs haben während der Pubertät ihre Themen, die sich bei genauem Hinsehen im Prinzip kaum von deinen unterscheiden. Anders als bei Mädchen beginnt bei ihnen die hormonelle Umstellung etwa zwei Jahre später, etwa mit 12 Jahren. Aber dann durchlaufen ihre Gehirne, Gefühle und Körper mehr oder weniger das gleiche „Programm" wie bei dir: Gefühlsschwankungen, Sprießen der Schamhaare und Genitalien, die Entwicklung von Geschlechtsmerkmalen. Und ein Körper, der in alle Richtungen wächst, manchmal mit einem richtigen „Schuss" von bis zu zwölf Zentimetern im Jahr.

Eine wichtige Rolle spielt bei Jungs dabei das „Männlichkeitshormon" Testosteron, dass unter anderem für die Ausbildung von Muskel- und Körperbau verantwortlich ist, aber auch für Stimmbruch, die Entwicklung von Bart- und Schamhaaren und Pickeln. Durch die hormonelle Veränderung wachsen zuerst die Hoden, dann der Penis. Wie bei Mädchen gibt hier das Gehirn eines Tages den Startschuss für die Geschlechtsreife: Es schickt Hormone in die Hoden, die dort fortan für die Samenproduktion verantwortlich sind. Parallel zur ersten Periode (Menarche), bekommt der Junge seinen ersten Samenerguss (Spermarche). Meistens passiert das einfach so, über Nacht, ohne dass der Junge das merkt. Er wacht dann mit einer nassen Hose auf, weshalb man dazu auch „feuchte Träume" sagt. Der Penis übt sozusagen im Schlaf. **So wie du ab der ersten Periode fruchtbar bist, ist der Junge ab dem ersten Samenerguss zeugungsfähig.**

> Viele Jungs, genauer gesagt ihre Penisse, reagieren auf erotische Reize, werden also erregt, hart und stellen sich auf. Man sagt, sie bekommen einen **STÄNDER**. Dieses Gefühl ist schön, kann aber für den Jungen auch peinlich sein, wenn das einfach so geschieht, zum Beispiel im Schwimmbad.

INFO

Wenn ein Junge erregt ist, sondert der Penis sogenannte LUSTTROPFEN ab, die bereits Spermien enthalten können. Sie funktionieren als natürliches Gleitmittel, wie bei dir, wenn bei Erregung die Scheide feucht wird.

TIPP

Bester Freund

Wenn du einen besten Kumpel hast, sprecht über eure unterschiedlichen Erfahrungen!

Wie die Klitoris (siehe auch „Die Venus in dir" auf Seite 70/71) **ist auch bei Jungen das Sexualorgan von außen sichtbar.** Wahrscheinlich kennst du Fotos oder Bilder von Penis und Hodensack, wie sie im schlaffen Zustand aussehen. Bei Erregung stellt sich der Penis auf und wird steif und sieht ganz anders aus. Die Vorhaut schiebt sich zurück und zeigt die Eichel, die wie deine Klitoris ein äußerst empfindliches Organ ist, das sexuelle Lust macht. In den Hoden werden die Samenzellen gebildet und in den Nebenhoden gelagert, wo sie bei einem Samenerguss durch den Samenleiter in den Penis befördert werden und aus der Harnröhre herausschießen.

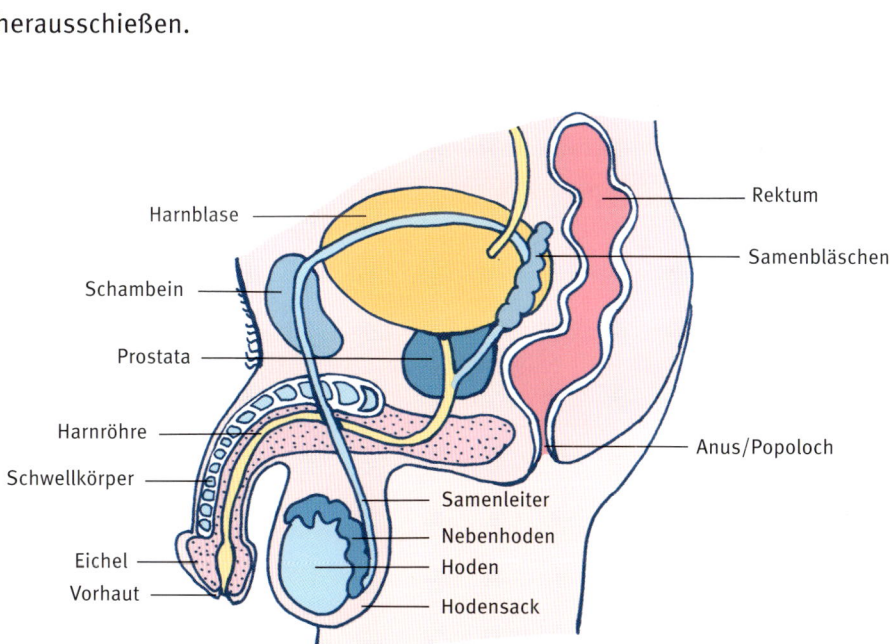

Harnblase

Schambein

Prostata

Harnröhre

Schwellkörper

Eichel

Vorhaut

Rektum

Samenbläschen

Anus/Popoloch

Samenleiter

Nebenhoden

Hoden

Hodensack

SO ENTSTEHT EIN BABY

Sobald du deine Periode bekommst, bist du fruchtbar und kannst schwanger werden. Deine Eierstöcke produzieren in regelmäßigen Abständen, je nach individuellem Zyklus alle vier bis sechs Wochen, ein befruchtungsfähiges Ei. Die weibliche Eizelle ist dann etwa sechs bis 24 Stunden befruchtungsfähig, die männlichen Samenzellen dagegen können bis zu fünf Tage befruchtungsfähig sein. Es kann also durchaus passieren, dass ein Mädchen vor oder nach dem Eisprung mit einem Jungen schläft – und schwanger werden kann, wenn es nicht verhütet (mehr über Verhütung ab Seite 80).

Beim männlichen Samenerguss schießen bis zu 200 Millionen Samenzellen aus dem Penis in die Scheide, gelangen in die Gebärmutter und wandern weiter Richtung Eileiter. Normalerweise ist der Eingang zur Gebärmutter mit einem Schleimpfropf verschlossen, um sie vor Keimen und Infektionen zu schützen. Zur Zeit des Eisprungs verflüssigt sich der Zervikalschleim, sodass die Spermien ungehindert hindurchschwimmen können. Nur etwa 500 schaffen das. **Die schnellste Samenzelle gewinnt.** Sie dockt sozusagen an der Eizelle an, dringt ein – und die Kerne beider Zellen verschmelzen zu einer neuen Einheit mit sowohl mütterlichen als auch väterlichen Erbinformationen.

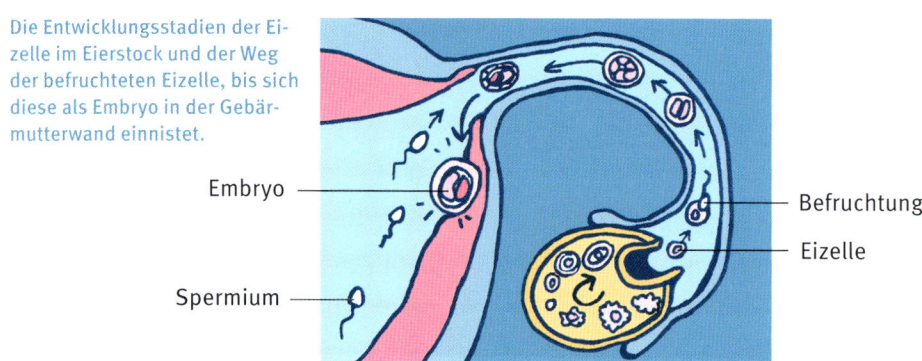

Die Entwicklungsstadien der Eizelle im Eierstock und der Weg der befruchteten Eizelle, bis sich diese als Embryo in der Gebärmutterwand einnistet.

Embryo

Spermium

Befruchtung

Eizelle

Dank der Hormone (Östrogen und Progesteron) stellt sich nun die Gebär-mutter auf eine Schwangerschaft ein, während die befruchtete Eizelle vom Eierstock in die Gebärmutter wandert und sich dort einnistet. Entsprechende Hormone sorgen jetzt dafür, dass die vorher aufgebaute Schleimhaut nicht abgestoßen wird (die Blutung bleibt meistens aus). Diese Hormone sind im Urin ungefähr zwei Tage nach Ausbleiben der Regel mit einem Schwanger-schaftstest messbar.

So entwickelt sich das Baby im Bauch:

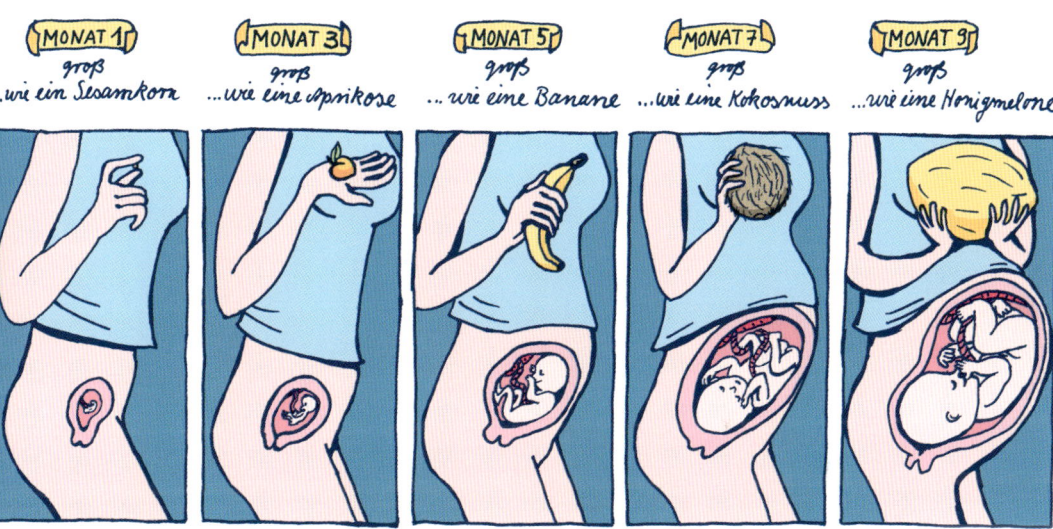

MONAT 1 — groß ...wie ein Sesamkorn

MONAT 3 — groß ...wie eine Aprikose

MONAT 5 — groß ... wie eine Banane

MONAT 7 — groß ...wie eine Kokosnuss

MONAT 9 — groß ...wie eine Honigmelone

MONAT 1 — Im 1. Monat teilt sich die befruchtete Eizelle, wandert in die Gebärmutter und nistet sich dort ein. Es ist etwa stecknadelkopfgroß. Ab der 6. Schwangerschaftswoche beginnt das Herz zu schlagen.

MONAT 3 — Bis zum 3. Monat entwickelt der Embryo seine Organe, Arme und Beine, Nase und Ohren.

MONAT 5 — Bis zum 5. Monat wachsen Augenbrauen und Haare, man kann im Ultraschall das Geschlecht erkennen.

MONAT 7 — Bis zum 7. Monat entwickeln sich sämtliche Organe und das Gehirn in einem rasanten Tempo weiter, das Baby kann die Augen öffnen.

MONAT 9 — Bis zum 9. Monat wächst und wächst das Baby, bis es reif und groß genug ist, um das Licht der Welt zu erblicken.

Gerade weil sich zurzeit alles in und an dir im Auf- und Umbruch befindet, ist es schwierig, sich zu mögen und erst recht den eigenen Körper toll zu finden. Weil die Proportionen nicht stimmen, die Brüste (noch) zu klein erscheinen, die Haare fettig und strähnig sind, die Hüften plötzlich Speck ansetzen, die Laune zwischen unterirdisch und Höhenflügen schwankt. **Kein Grund zur Panik, das wächst sich aus!** Und bevor du über Schönheitsoperationen oder Dauerdiät nachdenkst, checke die folgenden Tipps und Übungen und stell dir daraus dein persönliches Ernährungs- und Wohlfühlprogramm zusammen.

Gesunde Ernährung ist wichtig und es ist sinnvoll, abwechslungsreich und ausgewogen zu essen. Industriell hergestelltes Essen enthält unnötig viel Zucker und schlechte Fette, die langfristig dem Körper schaden. Sorge für dich und gewöhne dir an, mindestens zwei Stück Obst am Tag zu essen, außerdem Gemüse, Salat und Rohkost. Garantiert fühlst du dich fitter und leistungsfähiger und kommst nicht mehr so schnell aus der Puste!

DAS BRAUCHT DEIN KÖRPER:

★ **KOHLEHYDRATE** liefern Energie; sind enthalten in Brot, Reis, Nudeln, Getreide.

★ **VITAMINE, MINERALIEN UND BALLAST-STOFFE** stärken dein Immunsystem; sind enthalten in frischem Obst und Gemüse.

★ **PROTEINE** brauchst du zum Muskelaufbau und Wachstum; sind enthalten in Fleisch, Fisch und Eiern, aber auch in Joghurt und Käse, Hülsenfrüchten und Nüssen.

INFO

TIPP

Gesundes für zwischendurch

♥ Studentenfutter – spendet Power für deine Gehirnzellen! ♥ Äpfel, Orangen, Kiwi – enthalten viele Vitamine und sind ein super Süßigkeitenersatz. ♥ Gemüsesticks (Paprika, Gurke, Möhre ...) – idealer Snack für zwischendurch! ♥ Wasser – ausreichend trinken, vor allem bei sehr heißem Wetter oder wenn du viel Sport machst. ♥ Kokoswasser – Sportlerdrink und Durstlöscher!

FORTSETZUNG AUF DER NÄCHSTEN SEITE

Magersucht (Anorexie) und Essbrechsucht (Bulimie) sind Essstörungen, die besonders häufig bei jungen Mädchen auftauchen, die unzufrieden mit ihrem Körper sind. Sie fühlen sich viel zu dick, obwohl sie das augenscheinlich überhaupt nicht sind. **Die Gründe hierfür sind vielschichtig.** Die einen vergleichen

sich mit super-dünnen Models, andere wollen Jungs gefallen oder haben ein Problem damit, eine weiblich-runde Figur zu bekommen. Oftmals spielen auch Leistungsdruck, ein schwieriger familiärer Hintergrund und/oder mangelndes Selbstbewusstsein eine große Rolle. Beide Krankheiten können tödlich enden und den Betroffenen lebenslang zu schaffen machen.

Vegetarier oder Veganer achten meistens sehr auf eine bewusste und gesunde Ernährung. Sie sollten regelmäßig die Eisenwerte kontrollieren lassen und gegebenenfalls Vitamin-B12-Präparate ergänzen. Eine vegane Ernährung ist während der Pubertät nicht zu empfehlen.

TIPP

Starke Früchtchen

Johannisbeeren, Mango, Brombeeren, Feigen, Himbeeren oder Heidelbeeren sind prima Eisenlieferanten. Eisen ist lebenswichtig für Blut, Muskeln und Leber und braucht dein Körper gerade jetzt in ausreichenden Mengen.

TIPP

Smoothie to go

Fünf Mal Obst und Gemüse am Tag solltest du zu dir nehmen – das geht auch in flüssiger Form. Probiere es doch auch mal mit diesem Grünen-Smoothie-Rezept: Feldsalat (eine kleine Handvoll), vier Blätter Basilikum, eine halbe Kiwi und eine halbe Banane zusammen mit einem halben Glas Orangensaft und einem Spritzer Zitronensaft pürieren oder im Smoothiemaker mixen, einen kleinen Schuss Öl hinzufügen und abermals durchpürieren. Mit Salz und geraspeltem Ingwer abschmecken.

Gesunde Ernährung ist eine Sache, ausreichend Bewegung an der frischen Luft gehört natürlich auch dazu, denn Sauerstoff sorgt für gesunde Haut. **Regelmäßiger Sport kurbelt den Stoffwechsel an und macht glücklich**, weil körpereigene Endorphine freigesetzt werden.

Unabhängig von Gewicht, Körpergröße und genetischen Voraussetzungen kann so für das eigene Wohlbefinden gesorgt werden – und für mehr Selbstbewusstsein und Ausstrahlung. Also, worauf wartest du noch?!

TIPP

Pubertät ist anstrengend! Also schlafe ausreichend, mindestens acht Stunden pro Nacht.

WELCHE SPORTART PASST ZU DIR?

Bist du ein Teamplayer oder liegt dir eine Einzelsportart mehr? Finde es heraus! Auch zu Hause kannst du dich leicht fit halten. Auf YouTube findest du viele Fitness-Videos mit unterschiedlichen, langen kurzen, schwierigen und leichten Übungen.

Ich bin handwerklich geschickt.

Ich verfolge konsequent meine Ziele.

Ich lache viel und habe Spaß.

FREUNDE UND FAMILIE

KOMMEN DIR DIESE AUSSAGEN BEKANNT VOR?

Ich brauche Power & Action.

Ich bin oft mit anderen zusammen.

Ich bin total ehrgeizig.

Ich habe ein Faible für Technik.

Ich chatte stundenlang.

Ich schreibe Tagebuch.

Ich höre auf meinen Bauch und meinen Kopf.

Ich habe Träume und Wünsche.

Ich will überall die Erste und die Beste sein.

Ich helfe selbstverständlich meinen Eltern.

Ich nehme Rücksicht auf meine Mitmenschen.

Ich kann ohne mein Handy nicht sein.

Ich bin total empfindsam und sensibel.

Ich brauche meine Familie.

Ich bin meistens ganz schön zappelig.

Ich interessiere mich für Politik.

Ich stehe gerne im Mittelpunkt.

Ich habe eine allerbeste Freundin.

Ich brauche Zeit für mich allein, um neue Kraft zu schöpfen.

Ich bin selbstbestimmt und selbstbewusst.

Ich trage gerne coole Klamotten.

Ich lese viel und höre Musik.

FREUNDINNEN 4EVER

Freundinnen sind das Beste auf der Welt, was dir passieren kann! **Deine beste Freundin ist wie du, nur anders,** versteht ohne viele Worte, was du denkst und fühlst, und ist immer für dich da. Vor ihr brauchst du keine Geheimnisse zu haben und kannst offen über alles reden, was dir auf der Seele brennt. Natürlich gibt es auch Zeiten, in denen du deine Freundin am liebsten in die Wüste schicken würdest – Streit gehört dazu! Und eine echte Freundschaft hält einiges aus. Voraussetzung: **Ihr bleibt ehrlich zueinander und vertraut euch.**

Deine Freundinnen spiegeln dich, das ist in dieser turbulenten Pubertätszeit unglaublich gut, wichtig – und oft auch anstrengend. Weil du natürlich all die komplizierten, doofen, negativen Eigenschaften, die dir gerade selbst zu schaffen machen, bei deinen Freundinnen 1:1 wiederfindest. **Kein Wunder, wenn du sie dann manchmal nicht leiden kannst**! Aber genau das ist auch gut so: Daran lernst du, dein eigenes Verhalten zu reflektieren und gegebenenfalls zu verbessern. Auch wenn es schwerfällt …

DARAN ERKENNST DU EINE GUTE FREUNDIN:

♥ Sie ist jederzeit da für dich.
♥ Du kannst ihr die Meinung sagen, ohne dass sie tagelang sauer ist.
♥ Sie ist immer ehrlich zu dir.
♥ Bei ihr sind deine Geheimnisse sicher.
♥ Du kannst ihr 100%ig vertrauen.
♥ Sie sagt dir ehrlich ihre Meinung.
♥ Gemeinsam lacht und kichert ihr bis zum Umfallen.
♥ Sie gönnt dir Glück, Erfolg und gute Noten.

BFFs
Sucht euch ein Zeichen eurer Verbundenheit: Eine Kette, ein T-Shirt oder einen Freundschaftsspruch.

DARAN ERKENNST DU EINE FALSCHE FREUNDIN:

✸ Sie leiht ständig Geld von dir und gibt es nicht zurück.
✸ Sie will oft die Hausaufgaben von dir abschreiben.
✸ Sie lästert hinter deinem Rücken über dich.
✸ Sie macht dir alles nach.
✸ Sie hat keine eigene Meinung.
✸ Sie hält sich nicht an Abmachungen und Verabredungen.
✸ Du fühlst dich in ihrer Gegenwart nicht wohl.
✸ Du fühlst dich von ihr ausgenutzt.

Ob nur eine ABF, ein Kleeblatt oder eine Clique – Freundinnenfreundschaft hat viele Gesichter. Manchmal ist ein Mensch alles, manchmal braucht man für verschiedene Bedürfnisse und Aktivitäten verschiedene Freundinnen: Eine zum Sportmachen, eine zum Lernen, eine zum Kochen, eine zum Musikhören, eine zum Reden … So oder so: Suche dir Verbündete. Gemeinsam macht eben alles mehr Spaß!

ZOFFEN, STREITEN UND EIN SORRY

Streiten mag niemand gerne, erst recht nicht mit der besten Freundin. Und doch passiert es: Eine unbedachte Bemerkung, ein falsches Wort, eine stressige Situation und schon ist die gute Stimmung dahin. Ein Wort gibt das andere, die Chat-Drähte glühen heiß und Missverständnisse sind vorprogrammiert. Bevor sich die Lage dramatisch zuspitzt und du vor lauter Ärger nicht mehr klar denken kannst – **STOPP! Mach dir klar, warum ihr euch in den Haaren liegt.**

TIPP

Vermeide Missverständnisse online! Statt pausenlos zu tippen und verbale Katastrophen heraufzubeschwören, greife lieber zum Hörer und kläre die Angelegenheit direkt und persönlich. Noch besser ist es natürlich, ihr trefft euch und redet miteinander.

IST ES ...

... **WEIL** ihr ständig bei jeder Gelegenheit aneinanderrasselt? Dann ist es etwas Grundsätzliches zwischen euch, das ihr entweder gemeinsam besprechen und lösen müsst. Oder ihr erkennt, dass ihr zu unterschiedliche Meinungen habt, um ernsthaft miteinander befreundet zu sein. Das kommt vor!

... **WEIL** eine von euch Mist gebaut hat? Dann hilft nur: Entschuldigen und in Zukunft besser machen.

... **WEIL** sie eifersüchtig ist, wenn du dich mit anderen Mädchen triffst? Dann erkläre ihr, was sie für dich bedeutet und dass du sie deswegen nicht weniger lieb hast.

... **WEIL** sie ständig ihre schlechte Laune an dir auslässt? Dann mach ihr klar, dass du nicht ihr Spielball bist.

MIT ICH-BOTSCHAFTEN FAIR KOMMUNIZIEREN!

Sag: „Ich finde, ich fühle, ich denke, ich möchte, ich spüre …" Mit diesen Satzanfängen kommst du aus der Beschuldigungsmasche raus und nimmst deinem Gegenüber den Wind aus den Segeln.

Entschuldige bitte

MIT FEED-BACK-REGELN KRITIK ÜBEN!

Bevor du jemandem die Meinung geigst, frage, ob er/sie sie hören möchte. Dann bist du sicher, dass das, was du sagst, gehört und ernst genommen wird.

TIPP

Sorry is the hardest word …
Hilft aber immer.

Weil die andere merkt, dass du aufmerksam bist und Verantwortung für dein Verhalten übernimmst.

STRESS IM NETZ

Ein Klick und das Foto oder der Spruch ist im Netz. Fast jeder hat heutzutage ein Handy, mit dem du jeder Zeit online gehen und Inhalte mit deinen Freunden teilen kannst. Das ist lustig, kann aber schnell nach hinten losgehen, wenn peinliche Fotos, beleidigende Botschaften oder üble Nachrede in den sozialen Netzwerken verbreitet werden.

WENN DU OPFER VON CYBERMOBBING-ATTACKEN BIST, KANNST DU FOLGENDES TUN:

WEHRE DICH! Je eher, desto besser. Und je mehr Menschen auf deiner Seite sind, auch. Hab keine Scheu, dich einem Erwachsenen anzuvertrauen.

SAMMLE BEWEISE! Screenshots, Ausdrucke, Dateien, Zeugen.

IGNORIEREN. Hilft am Anfang, auch wenn es schwerfällt. Oft geben die meisten Mobber von selbst auf, wenn sie merken, dass sie ins Leere laufen. Antworte auf keinen Fall auf Shitstorm-Mails!

NEUSTART. Neue Mailadresse, neuer Chat, neue Handynummer.

MELDEN. Beim Anbieter und im schlimmsten Fall bei der Polizei.

Wichtig: Auch im Internet gilt, dass „üble Nachrede und Verleumdung" geahndet werden können. Im Klartext: **Cybermobbing ist strafbar! Ebenso das Weiterschicken von Fotos, an denen du nicht das Urheberrecht besitzt. Frage immer, bevor du Fotos von anderen veröffentlichst.** Es ist überhaupt nicht okay, peinliche oder manipulierte Bilder von jemandem online zu stellen, sondern eben auch strafbar. Mach dir das unbedingt klar!

SO SCHÜTZT DU DICH:

★ Je weniger persönliche Daten über dich im Netz bekannt sind, desto besser.

★ Befreunde dich nur mit Menschen, die du auch live und in Farbe kennst.

★ Verschicke keine persönlichen Bilder an Adressen, deren Inhaber du nicht persönlich kennst.

★ Checke die Sicherheitseinstellungen für den Privatbereich bei WhatsApp, Instagram & Co.

★ Lass dich nicht tracken.

★ Vorsichtig mit HotSpots und offenem WLAN – theoretisch kann dich jeder hacken.

★ Beantworte niemals Kettenbriefe, egal, wer sie dir schickt, und egal, was drinsteht.

★ Öffne keine Datei-Anhänge von unbekannten Absendern!

★ Lass dich wiederum nicht zu unsachlichen und gemeinen Kommentaren hinreißen und streue keine fiesen Gerüchte über andere.

WAS DICH PRÄGT

Streit mit den Eltern ist während der Pubertät so normal wie Pickel und Periode. Den einen trifft es härter, den anderen weniger. Prima, wenn du ein gutes Verhältnis zu deinen Eltern hast und sie sich selbst noch daran erinnern können, wie sie damals in deinem Alter gewesen sind. Und wenn nicht, frage sie einfach danach! Das fördert auch euer Verständnis füreinander.

Deine Mutter ist eine der zwei wichtigsten Bezugspersonen in deinem Leben – und als Mädchen das Vorbild in Sachen Weiblichkeit. Von ihr lernst du, dich in unserer Gesellschaft und im Alltag zu behaupten. Und du guckst dir ab, wie sie mit dem anderen Geschlecht umgeht, und „erbst" im besten Fall jede Menge Selbstbewusstsein und ein gutes Körpergefühl. Deine Mutter sollte dich immer in dem bestätigen, wie du bist! (Dein Vater natürlich auch.) Fakt ist, dass dich deine Mutter prägt und du zeitlebens damit beschäftigt bist, ihr nachzueifern und/oder dich von ihr abzugrenzen. Viele moderne Mütter wollen heutzutage lieber Freundin als Erziehungsberechtigte ihrer Tochter sein und finden es wunderbar, wenn ihr kleines Mädchen zur Frau wird.
So ein freundschaftliches und vertrauensvolles Verhältnis zwischen euch ist toll, aber ersetzt dir nicht die beste Freundin und die Erfahrung im Zusammensein mit Gleichaltrigen. Und manchmal neigen Mütter auch dazu, auf diesem Weg alles kontrollieren zu wollen.

Dein Vater ist die andere wichtige Bezugsperson in deinem Leben, auch er ist ein Vorbild für dich – sein Blick auf dich prägt dich maßgeblich. Von ihm lernst du den Umgang mit dem anderen Geschlecht, erfährst Anerkennung für dich und dein Verhalten. Dein Vater sollte dich immer toll finden, egal, was du tust! Manchmal haben Väter aber ihren eigenen Blick auf ihre Töchter und erwarten ganz viel. Und klar willst du seine Anerkennung! Deswegen tust du dann alles, um seine Aufmerksamkeit zu bekommen.
Aber sei versichert: Er hat dich so oder so sehr lieb!

Deine Familie ist dein Rückzugsort, eine kleine Gemeinschaft, in der du die Spielregeln der Gesellschaft kennenlernst: Achte doch mal darauf, wer bei euch das Sagen hat: Wie sitzt dein Bruder am Tisch? Wer bekommt für welches Verhalten Aufmerksamkeit? Wer von euch Mädchen ist die Prinzessin, wer die Bestimmerin? Eins ist klar: Geschwister können unglaublich anstrengend sein, sind aber die besten Verbündeten gegen die Eltern – und im Zweifelsfall immer für dich da!

TIPP

Schreib mal auf:
Das habe ich von meiner Mutter: ...
Das habe ich von meinem Vater: ...

49

STARK, STÄRKER, AM STÄRKSTEN

„Bleib, wie du bist", „Steh zu dir", „Wahre Schönheit kommt von innen" – diese Sprüche und andere bekommst du sicherlich oft zu hören. Aber wie sollst du zu dir stehen, wenn sich gerade alles in und an dir verändert? Wie sollst du dich schön fühlen, wenn einerseits Pickel und Härchen an den unmöglichsten Stellen sprießen und du das Gefühl hast, dein Körper dehnt sich aus wie ein Hefeteilchen? **Dein Körper verändert sich, deine Seele reift.** Natürlich kann bei solchen extremen Einschnitten das Selbstbewusstsein schon mal im Keller bleiben, vor allem, wenn du zudem tagtäglich mit super-schönen Models in den Medien konfrontiert wirst, die über alle Maßen unnatürlich schlank sind.

Gegen die Übermacht der Bilder hilft nur **Klarheit darüber, dass die Fotos und Aufnahmen immer bearbeitet werden.** In Wirklichkeit haben auch Supermodels Pickel und Cellulite, vielleicht fühlen sie sich mit ihrem Untergewicht total schlapp und kraftlos, vielleicht haben viele auch nicht immer nur Spaß und Lebensfreude. Überlege mal, wie gut du es hast, weil du essen darfst, worauf du Lust hast, und nicht ständig Kalorien zählen musst! Und wie gut, dass du nicht nach deinem Äußeren bewertet wirst und die Anerkennung für deine Persönlichkeit nicht abhängig davon ist, ob du blonde oder braune Haare, Körbchengröße C hast und du eine Body-Challenge gewinnst.

TiPP

Deine Stärken

Finde heraus, wer du bist und was deine besonderen Eigenschaften und Talente sind! Denn im Kern veränderst du dich nicht und deine Talente machen dich stark. Wenn du dir unsicher bist, frage deine Freundin und macht euch gegenseitig eine Ich-bin-schön!-Liste. Trage den Zettel immer bei dir!

1. Mein LACHEN klingt wie .....
2. Meine ENERGIE ist .....
3. Mein LEBENSMOTTO lautet .....
4. Ich weiß, was ich WEISS, nämlich .....
5. POWER & KRAFT stecken für mich in .....

PEACE, LOVE & HAPPINESS

Hier findest du Tipps für Glück und gute Laune, wenn deine Stimmung mal wieder im Keller ist. Aber damit sie funktionieren, solltest du sie auch an guten Tagen unbedingt ausprobieren, damit du im Notfall weißt, was zu tun ist.

LIEBLINGSMUSIK LAUT HÖREN

IN EINE PFÜTZE HÜPFEN

IN DEN ZOO GEHEN

WITZE LESEN

KINDERSCHOKOLADE ESSEN

TANZEN

MELONE ESSEN

TRAMPOLIN SPRINGEN

SONNE SUCHEN

KIRSCHKERNWEITSPUCKEN

GELBE KLAMOTTEN ANZIEHEN

SCHLAFEN

LISTE MIT DEINEN 5 BESTEN EIGENSCHAFTEN LESEN

SHOPPEN

SCHMETTERLINGE BEOBACHTEN

FREUNDINNEN & FREUNDE TREFFEN

SCHWIMMEN GEHEN

SCHNEEBALLSCHLACHT

BARFUSS LAUFEN

DIR EIN PLÄTZCHEN IM PARK ODER WALD SUCHEN UND EINFACH MAL NUR ZUHÖREN

RENNEN, BIS DIE PUSTE AUSGEHT

TiPP

Glücksbild malen

Bastele, male, gestalte dir eine Collage mit Dingen, die du besonders gerne magst, egal ob Farben, Schokoladenpapier oder Fotos.

TiPP

Lieblingsspruch

Suche dir ein Motto, einen Satz, der zu dir passt und dein positives Lebensgefühl ausdrückt.

TiPP

Erbsen zählen

Für jeden Glücksmoment des Tages sortierst du eine von zehn Erbsen (Kieseln, Murmeln) von der einen Jackentasche in die andere. Am Ende des Tages solltest du für jeden Moment dankbar sein!

HA
HI
HA
HAHA
HA
HAHA
HIHIHI
HEHE
HAHA
HIHIHIHI
HAHAHAHA

WITZE

LIEBE UND GEFÜHLE

KENNST DU DIESE SÄTZE?

Trau mich nicht!

Ich tagträume und bekomme nichts mehr mit

Ich könnte die ganze Welt umarmen!

Bin ich cool genug?

Flugzeuge im Bauch.

Schmetterlinge im Bauch

Ich denke an nichts anderes.

Er geht mir nicht aus dem Kopf.

Soll ich, soll ich nicht?

Was hast du gesagt?!

Wie geht Küssen?

Wie soll ich es ihm nur sagen?

Yeah, Yeah, Yeah!

Warum bekomme ich keine Antwort?

Ich weiß nicht, was ich tun soll.

Bloß nix vermasseln!

Rosarot ist eine tolle Farbe!

Ich bin sooo verliebt!

VOLL VERKNALLT

Vielleicht findest du Jungs doof und hältst sie für blöde Angeber, vielleicht schwärmst du auch heimlich für einen Popstar oder es kribbelt ganz fürchterlich in deinem Bauch, wenn der süße Typ aus der Nachbarschaft dir zulächelt. Egal, ob Schwarm, verknallt oder die erste große Liebe: Das große Kribbeln im Bauch, weil du ständig an jemanden denken musst, fühlt sich großartig an. **Genieße dieses Gefühl! Es lässt dich schweben, platzen vor Glück und in deinem Bauch tausend Schmetterlinge flattern.** Denn natürlich ist die Liebe zu einem Jungen oder Mädchen etwas völlig anderes als die Liebe, die du zu deinen Eltern, Geschwistern, Großeltern, Tanten und Onkeln verspürst. **Das erste Mal verliebt sein ist etwas ganz anderes, das dich einfach umwirft.**

Bei Verliebten gurgeln die Hormone vor lauter Glück und Freude und deaktivieren sozusagen den Bereich im Gehirn, der für negative Gefühle verantwortlich ist.

DARAN MERKST DU, DASS DU VERLIEBT BIST:

♥ Du musst ständig an ihn/sie denken.
♥ Du guckst ständig, ob er/sie eine neue Nachricht geschickt hat.
♥ In seiner/ihrer Nähe kribbelt dein Bauch.
♥ Wenn du an ihn/sie denkst, fängst du an zu träumen.

TIPP

Nur die Ruhe!

Alle deine Freundinnen haben schon einen Freund oder eine Freundin, nur du nicht? Lass dich nicht unter Druck setzen. Erstens ist dein Glück nicht von irgendwem abhängig und zweitens kannst du es nicht erzwingen.

In unserer Gesellschaft gilt die romantische Paarbeziehung zwischen Mann und Frau als ideal. Daher stand das Leben oftmals im Zeichen der Suche nach Mr Right, deinem Traumprinzen wie aus dem Märchen, der dich als Mädchen für immer unendlich glücklich macht. Weit gefehlt! Die Zeiten haben sich geändert, auch wenn im Kino oder in Frauenromanen immer noch davon zu lesen ist. Längst geht es in einer Beziehung um mehr. **Es gibt viele verschiedene Formen von Freundschaften und Beziehungen** zwischen Mädchen und Jungen und nicht immer muss es für immer sein.

WER LIEBT WEN?

Unsere Gesellschaft ist eindeutig hetero-normativ (so der Fachausdruck) geprägt, das heißt, in unserer Gesellschaft gehen wir davon aus, dass sich Mädchen immer von Jungen sexuell angezogen fühlen und umgekehrt. Es gibt aber auch Menschen, bei denen sich das nicht so verhält. **Mädchen, die sich in Mädchen verlieben, werden lesbisch genannt. Jungs, die sich in Jungs verlieben, schwul.** Für viele Mädchen ist es befremdlich, wenn sie im Laufe ihrer Entwicklung bemerken, dass sie sich nicht wie ihre Freundinnen zu Jungs und Männern hingezogen fühlen, sondern für Frauen empfinden. **Sei aber versichert: Auch das ist völlig in Ordnung, denn die Liebe kennt kein Geschlecht!**

EINIGE BEISPIELE FÜR SEXUELLE ORIENTIERUNGEN:

HOMOSEXUELL: Wer sich sexuell vom gleichen Geschlecht angezogen fühlt.
HETEROSEXUELL: Wer sich sexuell vom anderen Geschlecht angezogen fühlt.
BISEXUELL: Wer sich sexuell von zwei Geschlechtern angezogen fühlt.
ASEXUELL: Wer kein Interesse an Körperlichkeit und Sex hat.

Das Wort **LESBISCH** steht für weibliche Homosexualität und leitet sich von der griechischen Insel Lesbos ab, weil hier einst die antike Dichterin Sappho in ihren Gedichten über ihre Liebe zu Frauen schrieb. Dort findet alljährlich ein Festival der lesbischen Liebe statt.

Coming-out sagt man, wenn sich jemand öffentlich zu seiner Homosexualität bekennt, egal, ob Mädchen oder Junge. Du hast genügend Zeit, herauszufinden, für welches Geschlecht du dich interessierst, und musst dich nicht unnötig unter Druck setzen. Ganz bestimmt aber bist du mit diesen verwirrenden Gefühlen nicht alleine. Wenn du eng mit deiner allerbesten Freundin bist, sie gerne in den Arm nimmst und ihre Nähe spürst, bedeutet das nicht gleich, dass du in sie verliebt und lesbisch bist. Lass dir Zeit und versuche herauszufinden, was du wirklich empfindest.

Die Auffassung, dass es unter den Menschen mehr gibt als männlich/weiblich/heterosexuell, wird mit der Abkürzung **LGBTQ** und z. B. der **Regenbogenfahne** zum Ausdruck gebracht. LGBTQ steht dabei für lesbian (= lesbisch), gay (= schwul), bisexual (= bisexuell), transgender und queer/questioning (= steht für alles andere, was von der Norm abweicht).

TRANSVESTIT: Jemand, der das Bedürfnis hat, ab und zu die Kleidung des „Gegengeschlechts" zu tragen und so in eine andere Geschlechterrolle zu schlüpfen. Das muss aber nicht zwangsläufig etwas mit der sexuellen Orientierung zu tun haben (nicht zu verwechseln mit **TRANSGENDER**, dazu mehr auf der nächsten Seite).

WER BIN ICH?

TIPP

Wie denkst du darüber?
♥ Wann ist ein Mann ein Mann und eine Frau eine Frau? ♥ Reden wir über Mädchen anders als über Jungs? ♥ Was ist eigentlich gemeint mit „typisch weiblich/männlich" und gibt es das überhaupt?

Das ist eine elementare Frage, bei der die eigene **Geschlechtsidentität**, also die Frage, ob sich jemand als Mann oder als Frau fühlt, egal, mit welchen Geschlechtsmerkmalen er oder sie geboren wurde, eine zentrale Rolle spielt. Für viele ist das von Geburt an klar und die allermeisten können sich eindeutig als Mädchen oder Junge identifizieren und finden ihre entsprechenden (Rollen-) Vorbilder in der Gesellschaft.

Mit anderen Worten: Durch die Geburt wird das biologische Geschlecht festgelegt (im Englischen wird hierfür der Begriff „sex" verwendet), also Geschlechtsmerkmale, Körperbau und die Frage, ob du Kinder zeugen oder gebären kannst. **Erst durch die Erziehung und die gesellschaftlichen Erwartungen werden soziale Unterschiede zwischen den Geschlechtern gemacht**. Für dieses soziale, gesellschaftlich konstruierte Geschlecht wird im Englischen der Begriff „gender" gebraucht.

Transgender sind Menschen, die sich nicht dem Geschlecht zugeordnet fühlen, das ihnen bei der Geburt zugeschrieben wurde. Von **Intersexualität** spricht man, wenn Geschlechtsmerkmale bei der Geburt nicht eindeutig männlich oder weiblich sind. Manche Menschen lehnen es auch rundheraus ab, in „Schubladen" gesteckt zu werden. Sie fühlen sich am wohlsten, wenn sie kein eindeutiges Geschlecht zugewiesen bekommen.

Auch in der Sprache tut sich was: Die Verwendung des **GENDERSTERN-CHENS*** macht deutlich, dass mehrere Geschlechter gemeint sind. Eine geschlechtergerechte Sprache ist wichtig, um immer wieder klarzumachen, dass alle Menschen, egal als was sie sich definieren, gleichgestellt sind.

DIESE WITZIGE FIGUR HAT ES IN SICH!

„The Genderbread-Person" – von „Gingerbread" (= Lebkuchen) abgeleitet – steht für **„diversity", also für kulturelle Vielfalt, meint die Antidiskriminierung jeglicher Personen in unserer Gesellschaft** und zeigt sehr anschaulich, wie sich die Identität eines jeden Menschen zusammensetzen kann.

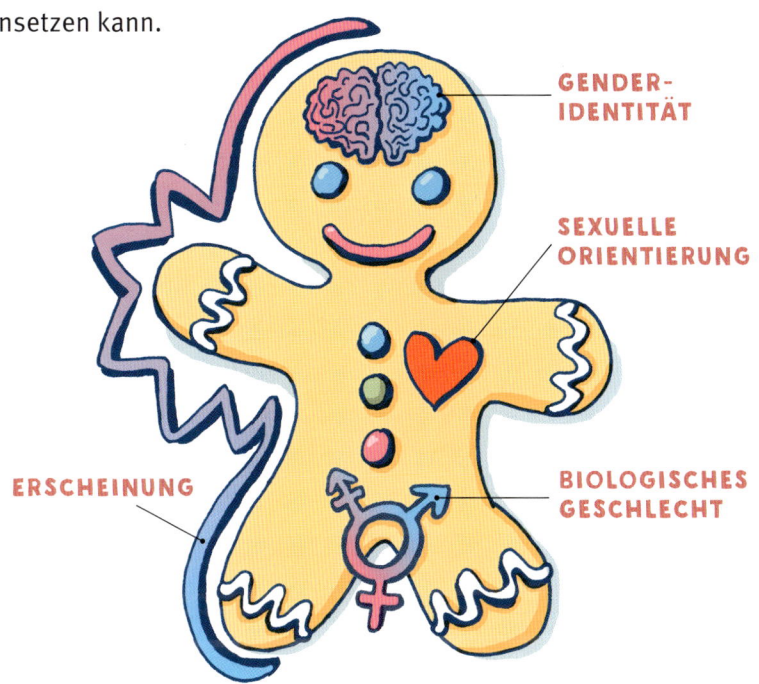

GENDER-IDENTITÄT

SEXUELLE ORIENTIERUNG

ERSCHEINUNG

BIOLOGISCHES GESCHLECHT

SEXUELLE ORIENTIERUNG (= ATTRACTION)
Wovon und von wem du dich geistig, seelisch und körperlich angezogen fühlst.

GENDER-IDENTITÄT (= GENDER IDENTITY)
Alles, was du über dich denkst, was du fühlst und was dich ausmacht.

BIOLOGISCHES GESCHLECHT (= ANATOMICAL SEX)
Alle Merkmale, die sicht- und messbar sind wie Brüste, Eierstöcke, Vulva, Hormone, Hoden, Penis oder Barthaare.

ERSCHEINUNG (= GENDER EXPRESSION)
Die Art und Weise, wie du dich in Bezug auf die traditionellen Rollen kleidest, verhältst und ausdrückst.

SAG HALLO!

Du bist verliebt, schwebst auf Wolke sieben – aber ob es dem anderen auch so geht? Um das herauszufinden, brauchst du etwas **Mut und Selbstvertrauen.** Denn wenn du nicht zeigst oder sagst, wie es um dich steht, woher soll er es dann wissen?

TIPP

Sei selbstbewusst!
Um ihn auf dich aufmerksam zu machen, musst du dich nicht einer Schönheits-OP unterziehen und dich übermäßig schminken. Du bist schön so, wie du bist! Stell dir IMMER vor, er findet dich toll!

DIE CHANCEN STEHEN GUT, WENN IHR ...

... euch nicht aus den Augen lasst.

... aufgeregt seid, wenn ihr euch seht.

... eure Posts immer „liked" und als Erster antwortet.

DIE CHANCEN STEHEN EHER SCHLECHT, WENN ER ...

... dich ignoriert.

... blöde Bemerkungen in deiner Nähe macht.

... deine Posts nicht kommentiert.

Oft ist es der erste Schritt, der besonders schwerfällt. Du musst ja nicht gleich mit der Tür ins Haus fallen und ewige Liebe schwören, sondern kannst dich langsam vortasten. **Suche Nähe und Augenkontakt,** dann findest du sehr schnell heraus, wie er auf dich reagiert. Schaut er dich an, lächele zurück. Wenn er wegschaut, bleibe dran. Wenn er an dir interessiert ist, guckt er dich gleich wieder an. Schaut er dich an und lächelt zurück, beginnt das Spiel ... und irgendwann ergibt sich ein Gespräch. Über Lehrer, Musik oder Wetter, ganz bestimmt findet ihr das passende Thema. Und wenn ihr euch miteinander wohlfühlt, ergibt sich der nächste Schritt: eine Verabredung im Café, in der Stadt, im Kino ... **Sag einfach Hallo!**

Ein **Liebesbrief** klingt romantisch und ist eine wundervolle Idee. Es kann dir aber passieren, dass er ihn überall herumzeigt und sich alle über dich und deine Gefühle lustig machen. Gleiches gilt für digitale Liebesschwüre per WhatsApp. Versichere dich vorher, ob du ihm vertrauen kannst, und er respektvoll mit deinen Gefühlen umgeht.

FRAGEN ÜBER FRAGEN

⭐ **Ich bin total in meinen Lehrer verliebt. Und jetzt?**
Das ist tabu. Ganz bestimmt handelt es sich nur um eine Schwärmerei.
Und er macht sich strafbar, wenn er sich auf dich einlässt.

⭐ **Mein Schwarm interessiert sich nicht für mich, was kann ich tun?**
Sicher? Wenn du es ganz genau wissen willst, frag ihn, auch wenn es dir schwerfällt.
Sonst zweifelst du ewig.

⭐ **Vor lauter Liebeskummer kann ich nicht mehr denken ... Geht das vorbei?**
Herzschmerz ist grässlich, aber er geht vorbei, versprochen! Vergrabe dich nicht
den ganzen Tag zu Hause, kümmere dich um deine Freunde, Sport und Spaß.

⭐ **Ich bin in meine Freundin verliebt. Soll ich es ihr sagen?**
Wie schön! Taste dich vorsichtig heran und finde heraus, ob sie auch so fühlt wie du,
bevor du dich outest.

⭐ **Meine Eltern sind gegen meinen Freund. Warum?**
Das ist eine blöde Situation. Sprich mit ihnen und finde heraus, warum.

⭐ **Er will nur mein bester Freund sein, kann ich das ändern?**
Eine sogenannte platonische Liebe ist unglaublich wertvoll, aber schwierig,
wenn du mehr, nämlich eine Liebesbeziehung, möchtest. Sprich mit ihm darüber.
Gemeinsam findet ihr eine Lösung.

LAUTER GEFÜHLE

Hurra, ihr habt euer erstes Date oder zweites oder sogar schon das dritte, ihr verbringt eine tolle Zeit miteinander und schreibt euch regelmäßig kleine Nachrichten. Und immer öfter macht sich in dir eine tiefe Sehnsucht nach dem Austausch von Zärtlichkeit und Berührungen breit, du bist dir aber nicht so sicher und weißt nicht, wie. **Trau dich**, wage den ersten Schritt! Wer sagt denn, dass Jungs immer zuerst die Initiative ergreifen müssen?

Meistens ist es ja so: Ihr lauft nebeneinanderher, ganz dicht, dabei berühren sich eure Schultern. Du kannst nach seiner Hand greifen oder deine Hand in seine schieben. Lässt er es zu, hält er sie fest, dann hüpft dein Herz und es lässt deinen Körper kribbeln.

Händchenhalten ist mehr als eine Geste, es ist ein Zeichen von Zusammen-gehörigkeit, gegenseitigem Beschützen und füreinander Einstehen. Für viele ist es ein viel innigerer Liebesbeweis als beispielsweise Küssen. Außerdem geht Händ-chenhalten immer und überall.

Schön ist es auch, Arm in Arm durch die Gegend zu laufen, **das ergibt sich meistens ganz von selbst**. Lass deinen Freund spüren, dass du es magst, wenn er dich umarmt, und genieße seine Nähe. Lass dir und euch Zeit, euch gegenseitig kennenzulernen und ganz zarte, erste körperliche Erfahrungen zu sammeln.

TIPP

Sag doch mal ...

„Ich liebe dich" kommt nicht immer so leicht über die Lippen, ein „Ich hab dich lieb" schon eher. Folgende Sätze sind auch schön:

„Ich habe dich vermisst."
„Du riechst gut."
„Es ist schön mit dir."
„Ich bin gerne in deinen Armen."
„Ich freue mich auf dich."

Mach dir keine Gedanken, ob du alles richtig machst, für Momente zu zweit gibt es keine Regeln. Das Wichtigste ist, dass ihr euch gut zusammen fühlt. Und je weniger Fragen du hast, desto besser. Wenn dir danach ist, greife nach seiner Hand, umarme ihn, streichele ihn. Es kann sein, dass du ihm zu offensiv bist, es kann aber auch sein, dass er unsicher ist und auf deine Initiative gewartet hat. **Wenn du es nicht ausprobierst, kannst du es nicht wissen.** Also los, worauf wartest du!

EIN HIMMEL VOLLER KÜSSE

Küssen ist der Inbegriff von Zärtlichkeit und Liebe zwischen zwei Menschen, die sich sehr nahestehen. Vielleicht ursprünglich nur von Mutter zu Kind während der Fütterung gedacht, tauschen inzwischen Männer und Frauen, Kinder und Eltern, Oma und Opa, Brüder und Schwestern sehr gerne und auf verschiedene Arten Küsse aus. Beim Küssen steigt die Atemfrequenz, es rast der Puls, die Gefäße weiten sich, der Kreislauf kommt in Schwung und ein Feuerwerk an Hormonen schießt durch deinen Körper – die reinste Energiespritze! Der allererste Kuss ist superaufregend! Wer macht den Anfang? Wie funktioniert Küssen überhaupt? Wie schmeckt der andere? **Nicht denken, machen!** Lass dich von deinen Gefühlen leiten, genieße mit allen Sinnen, dann küsst es sich (fast) von selbst. Wichtigste Voraussetzung: Dir und deinem Kusspartner gefällt, was ihr da macht.

KLEINES KUSS-ABC

Bei aller Küsserei vergiss nicht: Dein ganzer Körper küsst mit!
★ **WANGENKÜSSE** sind liebe Freundschaftsbeweise zur Begrüßung.
★ **SCHMETTERLINGSKÜSSE** sind sanft und spielerisch. Dabei „flatterst" du mit deinem Mund weich und zärtlich über die Haut deines Partners.
★ **ROMANTIKKÜSSE** sind kleine, neckende Knabberküsse an Mund, Nase und Ohren. ★ **ABSCHIEDSKÜSSE** müssen unbedingt nach Wiedersehen schmecken, deswegen mit spitzen Lippen sanft über die Wange deines Partners streifen. ★ **ZUNGENKÜSSE** sind absolute Lustmacher. Tauche mit deiner Zunge in den Mund deines Kusspartners, erforsche seinen Gaumen, spiele mit der Zungenspitze, mal sanft, mal zärtlich, mal stürmisch.

TIPP

Kuss-Killer

Absolute Kuss-Killer sind Mundgeruch, Essensreste, Kurbelzunge, zu viel Spucke, Bartstoppeln und knallroter Lippenstift. No-Go: Kaugummi!

Ein **Knutschfleck** ist wie ein blauer Fleck, je nach Größe und Intensität kann es bis zu vier Wochen dauern, bis er verschwindet. Ein Knutschfleck entsteht durch durchaus zärtlich gemeintes Saugen und Beißen.

Dabei platzen die kleinen Blutgefäße unter der Haut, das Blut verteilt sich in das umliegende Gewebe und verfärbt sich von Rot über Blau zu Grün und Gelb. Keine Angst, das ist nicht gefährlich.

Geschmeidige und weiche Lippen sind nicht nur zum Küssen schön! Deshalb gönne ihnen eine Extraportion Aufmerksamkeit und Pflege – vor und nach dem Knutschen. Geschminkte Lippen sind tolle Hingucker, zum Küssen aber nur bedingt geeignet, denn aller Werbung zum Trotz gibt es den kussfesten Lippenstift leider nicht. Lipgloss ist hübsch, aber auch etwas klebrig beim Küssen.

TIPP

Lippenpeeling

Bei rauen Lippen hilft dieses Peeling: Verrühre zwei Teelöffel Zucker mit zwei Teelöffeln Honig und 3 Teelöffeln Kokosöl und trage die Masse vorsichtig mit kreisenden Bewegungen auf deine Lippen auf.

TIPP

Lippenbalsam

Verrühre zwei Teelöffel Vaseline mit etwas Lebensmittelfarbe und Backaroma nach deinem Geschmack. Fülle alles in einen kleinen Tiegel und verziere ihn hübsch. Fertig ist deine ganz persönliche Lippenpflege.

SEX UND INTIMITÄT

KENNST DU DIESE WÖRTER?

Erektion

Sex

Liebe machen

Pille

Verhütung

Kondom

Sperma

Petting

Höhepunkt

Befruchtung

Penis

Analsex

Geschlechts-
verkehr

Klitoris

Küssen

Eichel

Oralsex

Hoden

Selbst-
befriedigung

Porno

Vulva

Orgasmus

DIE VENUS IN DIR

Venus gilt als die Göttin der Liebe – eine bessere Bezeichnung kann die leichte Erhöhung deiner Schamgegend gar nicht erhalten: Dein Venushügel verbirgt sozusagen den Eingang zur Scheide, zu den äußeren wie inneren Schamlippen und der Klitoris, kurzum der Vulva. Die Klitoris zählt zu den primären Geschlechtsmerkmalen und ist sehr berührungsempfindlich.

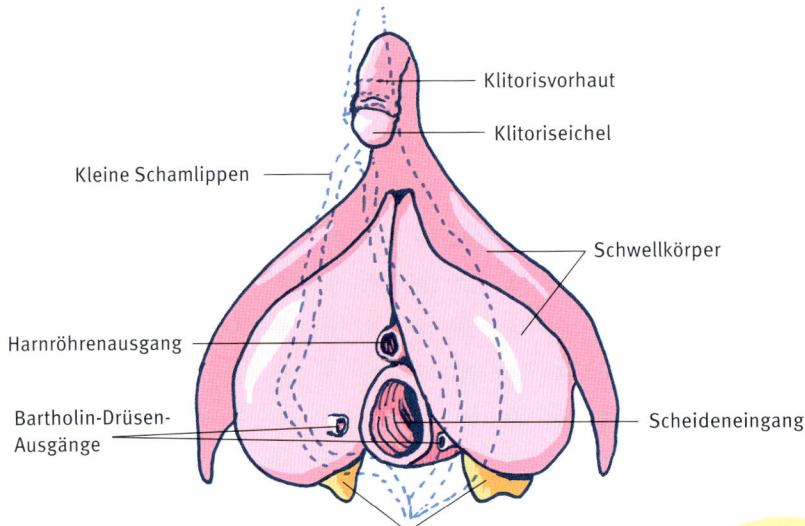

Kleine Schamlippen

Klitorisvorhaut

Klitoriseichel

Schwellkörper

Harnröhrenausgang

Bartholin-Drüsen-Ausgänge

Scheideneingang

Bartholin-Drüsen

Trau dich, berühre dich (mit sauberen Fingern) und schau dich mithilfe eines Spiegels an. Jede Vulva ist einzigartig gebaut, auch die Farbe und Elastizität der Haut. Sie wird hierzulande oft einfach mit Scheide (Vagina) bezeichnet. Eins ist sicher: **Auf alle Fälle bist du so, wie du bist, ganz genau richtig gebaut.**

Tipp
Schau mal ...
... auf S. 23, dort findest du eine Abbildung von der Vagina.

★ **VENUSHÜGEL**: Schamgegend, die durch Schamhaare bedeckt wird.

★ **ÄUSSERE SCHAMLIPPEN**: Haut um die Vulva. Sie schützen den Scheideneingang vor Keimen und Infektionen. Wenn du erregt bist, schwellen sie an und weiten sich. ★ **INNERE SCHAMLIPPEN**: Innere Haut in der Vulva und berührungsempfindlich, weil hier viele Nerven durchlaufen. Außerdem liegen hier viele Drüsen, die für ein gesundes Scheidenmilieu sorgen und bei Erregung Feuchtigkeit absondern, sodass die Haut gleitfähig ist. Wenn du erregt bist, schwellen sie an, öffnen sich und lassen die Klitoris hervorblitzen. Es gibt kein Standardaussehen der Vagina: Es gibt kleine und große Schamlippen, die Klitoris kann sichtbar oder verborgen sein. ★ **KLITORIS**: Ein auf den Blick nur erbsengroßes Organ, das bei Erregung anschwillt und sehr berührungsempfindlich ist: Hier laufen fast 10 000 Nervenenden zusammen! ★ **SCHEIDENEINGANG**: Deine Öffnung, in die Finger, Tampon oder Penis eindringen können und ein Baby herauskommen kann. Die Scheide selbst ist ein von Muskeln gesäumter Gang bis zur Gebärmutter und unglaublich dehnbar. ★ **DAMM**: So bezeichnet man den Teil zwischen Vagina und Anus, sehr berührungsempfindlich. ★ **ANUS**: Popoloch.

Dein Körper ist dafür gemacht, Spaß und sexuelle Lust zu erleben, alleine oder zu zweit. Wichtig ist, dass DU dich und deinen Körper in DEINEM Tempo erkundest. **Für Liebe, Lust und Sex gibt es keine Regel, keine Norm und keine Vorgaben. Es ist ganz alleine deine persönliche und intime Angelegenheit.**

FORTSETZUNG AUF DER NÄCHSTEN SEITE

FRAGEN ÜBER FRAGEN

⭐ **Was tun, wenn es brennt und juckt und zudem ein übel riechender Ausfluss in der Unterhose bemerkbar ist?** Klingt nach einer Pilzinfektion. Tägliche Hygiene ist angesagt – und ein Besuch beim Arzt, der ein entsprechendes Fungizid verschreibt. Nach drei Tagen sollte es besser werden.

⭐ **Was tun, wenn sich alles wund gescheuert anfühlt?** Das kann durch das Tragen von zu engen Hosen beim Fahrradfahren oder Reiten oder Sport passieren. Eine Calendula-Creme hilft, gemütliche Unterhosen und Pause.

⭐ **Was tun, wenn alles juckt und sich trocken anfühlt?** Es könnte sein, dass das Scheidenmilieu durch zu häufiges Waschen gestört ist. Es ist besser, ein neutrales Duschgel zu verwenden. Sicherheitshalber vom Arzt eine Pilzinfektion ausschließen lassen.

⭐ **Was tun, wenn sich in den Hautfalten der Schamlippen käsige Schmiere absetzt?** Das ist sogenanntes Smegma, ein Drüsensekret. Einfach wegwaschen.

⭐ **Was tun, wenn es beim Pipimachen brennt?** Es könnte eine Blasenentzündung sein. Unbedingt den Unterleib warm halten und sofort zum Arzt gehen.

Eine Ärztin hat Schweigepflicht auch deinen Eltern gegenüber. **Frage lieber einmal zu viel als zu wenig!** Beschwerden gehören immer abgeklärt und keine Internetrecherche ersetzt dir das Gespräch und den guten Rat.

TIPP

Schöne Wäsche
Trage Unterwäsche aus atmungsaktiver Baumwolle. Damit verhinderst du wunde Stellen, Scheidentrockenheit und Pilzinfektionen.

KRIBBELN UND KRABBELN ÜBERALL

Wenn sich der Körper entwickelt, entwickelt sich irgendwann auch sexuelle Lust. Es kann sein, dass der Anblick von nackten Körpern plötzlich ungeahnte Gefühle entstehen lässt. Oder es im Bauch kribbelt, wenn sich Pärchen küssen.

Tipp

Tanz mal!
Für ein gutes Körpergefühl ist Tanzen eine großartige Übung! Schließ dein Zimmer ab, dreh die Musik auf und ab gehts!

Erogene Zonen nennt man bestimmte Punkte am Körper, die besonders empfindlich auf Berührungen reagieren, zum Beispiel Haaransatz, Lippen, Ohrläppchen, Achseln, Oberschenkelinnenseiten, Bauchnabel und natürlich die Klitoris.

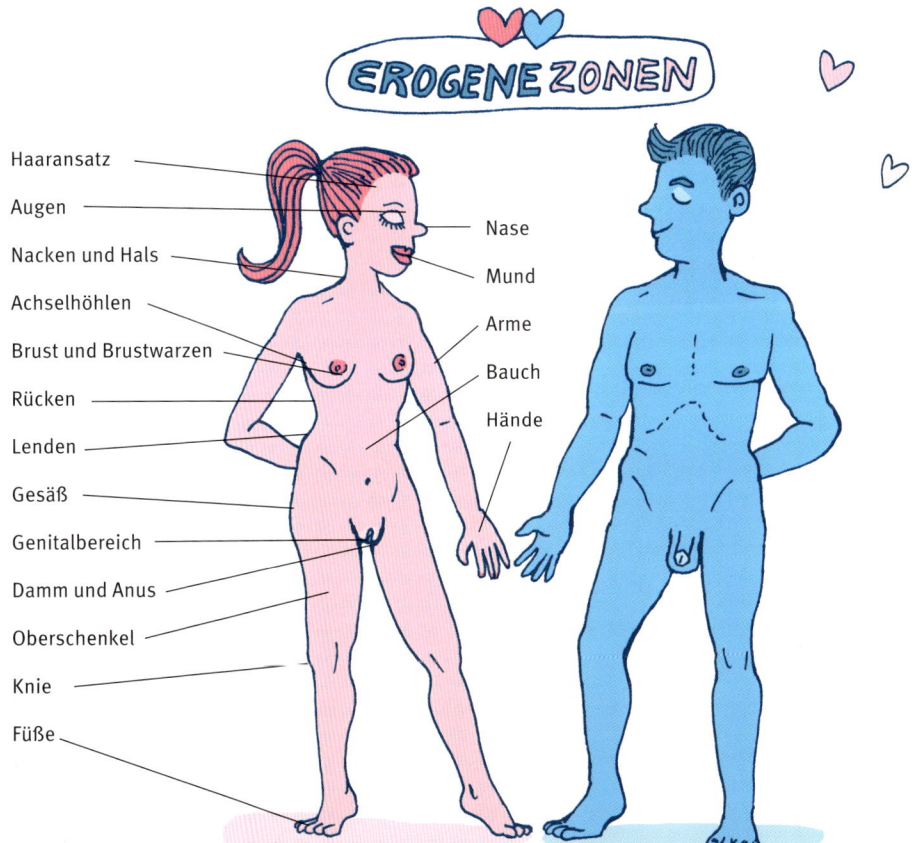

EROGENE ZONEN

Haaransatz
Augen
Nacken und Hals
Achselhöhlen
Brust und Brustwarzen
Rücken
Lenden
Gesäß
Genitalbereich
Damm und Anus
Oberschenkel
Knie
Füße

Nase
Mund
Arme
Bauch
Hände

NEIN HEIßT NEIN!

Flirten oder sexuelle Belästigung – die Übergänge können fließend sein und die Grenzen nicht immer klar auszumachen. Fakt ist, dass dich niemand

gegen deinen Willen anfassen und verführen darf. Niemand darf dir einfach so an den Hintern fassen, „zufällig" deinen Busen berühren oder dich, noch schlimmer, zwingen, ihn am Penis anzufassen, wenn du es nicht willst. **Nein heißt Nein!** Deswegen achte darauf, dass du eindeutige Signale sendest, dich also nicht wie Ja verhältst, wenn du Nein meinst. Das heißt, dass du Hände wegschiebst, keine aufmunternden Bemerkungen machst und du einfach weggehst, wenn es zu viel wird. Lass dich nicht erpressen („Hab dich nicht so, die anderen machen das doch auch") und in Bedrängnis bringen (nach Hause bringen lassen, Getränk spendieren). **Höre auf dein Bauchgefühl!** Und im Zweifelsfall suche dir lautstark Unterstützung, garantiert ist jemand in deiner Nähe, der dir hilft.

Seit **#metoo** fühlen sich zum Glück Mädchen und Frauen – und auch Männer! – ermutigt, von sexuellen Belästigungen öffentlich zu erzählen und sich bei sexuellen Misshandlungen Hilfe zu suchen. Mehr noch: Seitdem achten immer mehr Menschen darauf, wie Mädchen

> **Nein heißt Nein! Und dieser Grundsatz ist auch im Sexualstrafrecht verankert. Du musst dich also nicht als Opfer fühlen und hast das Recht, dich zu wehren.**

und Frauen in Sport, Politik, Film, Alltag und Arbeitswelt sexualisiert und diskriminiert werden. Nicht immer geht es dabei um Sex, sondern um **Machtdemonstration** von Männern gegenüber Frauen.

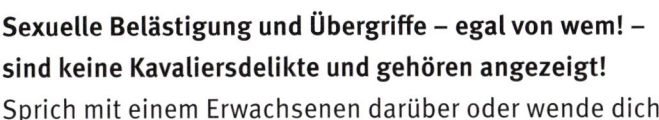

**Sexuelle Belästigung und Übergriffe – egal von wem! –
sind keine Kavaliersdelikte und gehören angezeigt!**
Sprich mit einem Erwachsenen darüber oder wende dich
an eine Beratungsstelle wie Profamilia, die helfen dir
weiter. **Dein Körper gehört dir! Niemand darf dich
gegen deinen Willen anfassen.**

TIPP

Nein sagen!

Nein sagen kannst du mit dem
Ja-Nein-Spiel üben, am besten mit
deiner Freundin. Stellt euch gegenüber,
drückt gegenseitig die Handflächen aneinander
und los geht's: Die eine sagt Ja, die andere
Nein, immer doller, immer energischer immer
lauter, immer körperlicher. Wie fühlt sich
das an? Wer gewinnt? Danach tauscht
ihr die Rollen.

Nein ...
JA?
NEIN.
JA☺
NEIN!
JA!
NEIN!!
JA!!

Sexting meint das Tauschen und Versenden
von erotischen Bildern oder Videos per Handy
und ist bei Jugendlichen zum Flirten und als Liebesbeweis sehr beliebt.
Meistens geschieht das im gegenseitigen Einverständnis, wird aber schnell
problematisch, wenn die freizügigen Fotos ungefragt an Dritte weitergeleitet
werden und dann aus Rache oder Eifersucht im Internet kursieren. **Es ist
besser, du lässt dich erst gar nicht darauf ein.**

Sexuelle Belästigung gibt es auch im Netz! Wenn dir jemand unaufgefordert
pornografische Fotos (z. B. Fotos von seinem Penis) schickt, kannst du je nach
Programm den Absender blocken. Dickpics kannst du auf *www.dickstinction.com*
zur Anzeige bringen, denn der unaufgeforderte Versand von Penisbildern ist
gemäß §184StGB strafbar.

SOLOSEX

Masturbation, Onanie, Selbstbefriedigung – drei Wörter, eine Sache, nämlich das Berühren, Stimulieren und Befriedigen der eigenen Geschlechtsteile. Eine private und intime Angelegenheit, die niemand mit jemandem teilen und besprechen muss (im Übrigen tun es 86 % aller Mädchen und Frauen regelmäßig. Jungs und Männer natürlich auch).

MASTURBIEREN – woher das Wort kommt, ist nicht ganz geklärt. Die einen erklären es mit manusstuprum (etwa: Unzucht mit der Hand) oder masturbare (etwa: männliches heftiges Bewegen).

INFO

Solosex ist eine gute Gelegenheit, um den eigenen Körper kennenzulernen, und in der Regel der erste Sex, den man hat. **Die beste Vorbereitung also auf künftige sexuelle Begegnungen!** Wer weiß, was ihm gefällt und guttut, kann in Beziehungen viel selbstbewusster auftreten.

SELBSTBEFRIEDIGUNG ...

... entspannt.
... baut Stress und Ängste ab.
... kann Menstruations-
    beschwerden verringern.
... sorgt für mehr Selbst-
    vertrauen.

Lustvolle Körpererfahrungen beginnen nicht erst in der Pubertät! Viele Mädchen (und Jungs) entdecken ihre Lust bereits als Kleinkind und können sogar dann schon einen Orgasmus bekommen.

> **INFO**
>
> Ob mit Rüssel, Flosse oder Hand, weiblich oder männlich, **AUCH TIERE MACHEN ES SICH SELBST!** Weil es Lust und Spaß macht. Weil sie damit die Spermienproduktion ankurbeln (männliche Säugetiere) oder weil sie so die Scheidenmuskeln trainieren (weibliche Säugetiere).

Für Selbstbefriedigung gibt es keine Gebrauchsanweisung. Viele Mädchen schalten ihr Kopfkino an, stellen sich vor, wie es wäre mit ihrem Partner zusammen zu sein, und spielen mit ihrem Körper, tasten nach ihren Schamlippen und stimulieren die Klitoris.

Manche spüren einfach in sich hinein, nehmen ihre Hand, um sich zu fühlen und zu tasten, andere finden den Wasserstrahl vom Duschkopf toll, andere reiben sich am Kissen oder kitzeln sich mit einer Feder.

VON WEGEN ORGASMUS(S)

Wenn ein Mädchen sexuell erregt wird, werden ihre Brustwarzen hart, ihre Schamlippen schwellen an, die Klitoris richtet sich auf und die Scheide wird feucht. Scheidensekret ist ein natürliches Gleitmittel bei Erregung, damit

nichts reibt und verletzt werden kann. Wenn sich die Scheide zu trocken anfühlt, kann man mit Spucke oder Gleitgel nachhelfen. Gleichzeitig veranlasst das Gehirn mithilfe von chemischen Botenstoffen, dass die Lust immer größer wird, **bis sich die Erregung bei anhaltender Stimulation in einem Orgasmus entlädt**. In diesem Moment empfindet das Mädchen ein sehr schönes Gefühl.

TiPP

Alles normal!

Lustvolle Geräusche wie lautes Stöhnen oder heftiges Schnaufen sind beim Sex normal! Das ist kein Tabu, aber wenn du dir unnötige Kommentare ersparen willst, achte darauf, dass dich niemand hören kann.

Um den weiblichen Orgasmus ranken sich viele Mythen und die unterschiedlichsten wissenschaftlichen Erkenntnisse. Wichtig zu wissen ist, dass jedes Mädchen anders tickt und auf unterschiedliche Weise zum Orgasmus gelangen kann. **Nur deine Lust oder Unlust zählt.** Ein Orgasmus ist beim Sex nicht alles, denn viel zu viele Empfindungen, Reize und Gefühle spielen hier eine sinnliche Rolle. Genieße dich und deinen Körper!

Jungs ejakulieren beim Orgasmus, das heißt, aus dem Penis „spritzt" etwa ein Teelöffel voll Sperma. Man sagt deswegen auch **Samenerguss.** Manche Mädchen ejakulieren beim Orgasmus ebenfalls, dabei sondern sie ein milchiges Sekret ab.

FRAGEN ÜBER FRAGEN

⭐ **Was ist ein Orgasmus?** Höhepunkt des sexuellen Lusterlebens durch Stimulation der Klitoris, bei dem es zu rhythmischen Muskelzuckungen im Genitalbereich und im ganzen Körper zu unbeschreiblichen Glücksgefühlen kommt.

⭐ **Was ist ein vorgetäuschter Orgasmus?** Gerade im Zusammensein mit einem Jungen tun manche Mädchen so, als wären sie gekommen, weil sie denken, es gehört dazu. Oder weil sie selbst nicht wissen, wie sie einen Orgasmus bekommen (siehe auch „Solosex" auf Seite 76/77). Oder weil sie sich selbst nicht die Blöße geben möchten. Oder weil sie ihn nicht enttäuschen wollen. Aber wer so tut, als ob, bringt sich und seinen Partner um die Möglichkeit, es besser – und schöner! – zu machen.

DAS KONDOM

Making love makes babies – VERHÜTE IMMER! Die Pille schützt vor ungewollter Schwangerschaft, ein Kondom zusätzlich vor sexuell übertragbaren Krankheiten. Am besten werden immer beide Verhütungsmethoden angewendet.

Das Kondom ist nach der Pille die am häufigsten verwendete Verhütungsmethode. Es ist aber das Verhütungsmittel, welches als einziges gegen sexuell übertragbare Krankheiten schützt und daher IMMER verwendet werden sollte. **Es besteht aus einer hauchdünnen, reißfesten Latexmembran und wird vor dem Geschlechtsverkehr über den steifen Penis gezogen und abgerollt.** Der Zipfel am vorderen Ende (das Reservoir) fängt die Samenflüssigkeit auf, sodass diese nicht in die Scheide gelangt. Nach dem Samenerguss muss das Kondom beim Rausziehen aus der Scheide festgehalten werden, damit es nicht vom (schlaffen) Penis abrutscht und doch noch Spermien in die Scheide gelangen. Dadurch, dass die Schleimhäute der Sexualpartner nicht direkt miteinander in Berührung geraten, **schützt das Kondom auch vor sexuell übertragbaren Krankheiten**.

Vorteil: Richtig angewendet, schützt das Kondom vor Schwangerschaft und sexuell übertragbaren Krankheiten, es kommt nur bei Bedarf zum Einsatz und besitzt keine Nebenwirkungen. **Nachteil:** die Anwendung bedarf Übung und Sicherheit aller Beteiligten und es muss bereits vor dem ersten Kontakt mit der Scheide übergerollt werden, weil der Penis vor lauter Lust und Erregung bereits schon vor dem eigentlichen Samenerguss Spermien (Lusttropfen) absondern kann. In seltenen Fällen kann es reißen oder abrutschen. Manche empfinden den Latexgeruch als unangenehm.

   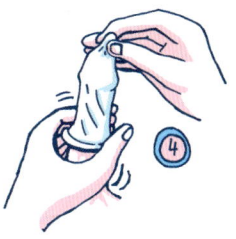

①   Die Kondompackung vorsichtig öffnen.

②   Der Penis muss erregt und steif sein, ggf. die Vorhaut zurückziehen, damit die Eichel frei liegt.

③   An der Spitze des Kondoms den Zipfel (das Reservoir) anfassen und die Luft herausdrücken, damit später Platz für das Sperma ist.

④   Dann das Kondom so auf die Eichel setzen, dass die Rolle außen ist. Jetzt das Kondom über den Schaft abrollen. Darauf achten, dass das Reservoir nicht zu straff über der Eichel sitzt.

GUT ZU WISSEN:

⭐ Hat das Überziehen nicht geklappt oder wurde das Kondom verkehrt herum aufgesetzt, unbedingt ein neues verwenden. ⭐ Kondome dürfen immer nur einmal benutzt werden! ⭐ Kondome können leicht beschädigt werden durch Aufbewahrungsfehler (niemals im Geldbeutel!), Sonneneinstrahlung oder Fingernägel. ⭐ Kondompackung niemals mit den Zähnen öffnen! ⭐ Wichtig ist, nach dem Samenerguss nicht zu lange zu warten, bis der Penis schlaff wird und das Kondom abrutscht! Am besten am Penisschaft festhalten und den Penis mitsamt dem Kondom vorsichtig aus der Scheide herausziehen, das können sowohl Junge als auch Mädchen oder beide machen. ⭐ Viele behaupten, mit einem Kondom sei es nicht gefühlsecht. Das ist sicherlich Gewöhnungsund Einstellungssache. ⭐ Kondome gibt es in vielen Größen und Geschmacksrichtungen. Ausprobieren! ⭐ Manche Jungs haben eine Latex-Allergie. Dafür gibt auch extra latexfreie Kondome. ⭐ Auch Mädchen sollten immer sicherheitshalber ein Kondom dabeihaben. ⭐ Das Kondom überzurollen ist für viele Jungs eine peinliche Angelegenheit. Oft lässt sie dabei ihre Erregung im Stich, der Penis ist dann nicht mehr steif genug. Sprecht darüber und bleibt entspannt. ⭐ In ein Stück Klopapier gewickelt, wird das Kondom im Hausmüll entsorgt.

DIE PILLE

Die Pille gilt als die sicherste Verhütungsmethode für Mädchen. Regelmäßig eingenommen, verhindert sie durch entsprechende Hormonabgabe die Reifung einer Eizelle und den Eisprung. Außerdem wird durch die Hormongabe die Gebärmutterschleimhaut nicht so hoch aufgebaut und der Schleimpfropf vor der Gebärmutter bleibt zäh, sodass keine Samenzellen eindringen können.

Vorteil: Die Pille ist ein sicheres Verhütungsmittel. **Nachteil:** Es können Nebenwirkungen wie Kopfschmerzen, Übelkeit, Thrombose (verstärkt bei Raucherinnen), und Gewichtszunahme auftreten. Die Pille hat keine Auswirkung auf die Fruchtbarkeit und kann jederzeit abgesetzt werden. Mittlerweile sind die modernen Antibabypillen so niedrig dosiert, dass sie über Jahre hinweg eingenommen werden können. Mache dir dennoch klar: Es ist ein empfindlicher Eingriff in deinen Hormonhaushalt.

GUT ZU WISSEN:

⭐ Die Pille zahlt bis zum vollendeten 19. Lebensjahr die Krankenkasse. ⭐ Bei Erbrechen, Durchfall, Einnahme von Medikamenten oder Vergessen besteht KEIN Verhütungsschutz mehr. Dann unbedingt zusätzlich den restlichen Monat mit Kondom verhüten. ⭐ Die Pille muss von der Frauenärztin verschrieben werden (siehe auch „Bei der Frauenärztin" auf Seite 30/31).

So funktioniert's:
Die erste Pille nimmst du am ersten Tag der Monatsblutung und dann weitere 21 Tage lang eine; der Verhütungsschutz gilt ab sofort, wobei die Pille regelmäßig zu einem bestimmten Zeit- punkt (morgens oder abends) eingenommen werden muss. Zur Erinnerung gibt es Klebezettel oder entsprechende Apps. Am besten beziehst du die Einnahme in ein regelmäßiges Ritual wie Zähneputzen mit ein. Sieben Tage Pillenpause sorgen dafür, dass du in dieser Zeit deine Blutung bekommst, die meist weniger stark ist. Dann startest du wieder mit der Einnahme von 21 Pillen. Auch während der Pillenpause besteht Verhütungsschutz.

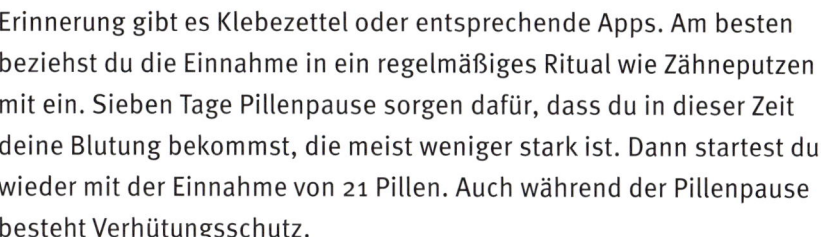

Die **Pille Danach** ist ein Notfallmedikament. Sie ist beim Arzt oder in der Apo- theke mit Beratung erhältlich. Durch entsprechend hohe Hormongaben sorgt sie dafür, dass der Eisprung verzögert wird und sich keine befruchtete Eizelle einnisten kann. Aber auch sie bietet keine hundertprozentige Sicherheit. Fakt ist: Durch die einmalige Einnahme wird der Hormonhaushalt gravierend durcheinandergebracht und es muss mit Nebenwirkungen gerechnet werden. Im Notfall ist das natürlich immer noch besser, als ungewollt schwanger zu werden.

Das Femidom ist ein Kondom für Frauen, eine Seite offen, eine geschlossen, also eine Art Plastikschlauch, der rechtzeitig vor dem Geschlechtsverkehr in die Scheide eingeführt wird und eine Barriere zwischen Penis und Vagina bildet, sodass kein Sperma in die Gebärmutter eindringen kann. Nach dem Geschlechtsverkehr wird das Femidom am äußeren Ring zweimal gedreht und verschlossen, erst dann darf es aus der Scheide wieder herausgezogen und entsorgt werden. Das Femidom schützt vor sexuell übertragbaren Krankheiten.

Das Diaphragma ist ein runder, flexibler, mit Silikon überspannter Ring, der wie eine Kappe vor dem Muttermund sitzt und in einer Arztpraxis oder Beratungsstelle angepasst wird. Etwa zwei Stunden vor dem Geschlechtsverkehr wird es mit etwas Gel eingeführt und verhindert so das Eindringen von Spermien. Richtig und korrekt angewendet, ist das Diaphragma eine ziemlich sichere Verhütungsmethode. Vorteil ist, dass du nur verhütest, wenn du auch Geschlechtsverkehr hast, und keine Hormone einnehmen musst. Nachteil ist, dass du rechtzeitig vorher daran denken musst und das Diaphragma frühstens nach acht Stunden wieder herausnehmen darfst. Außerdem erfordern Einführen und Umgang Übung. Das Diaphragma schützt nicht vor sexuell übertragbaren Krankheiten.

Die Spirale besteht aus einem T-förmigen Kunststoffstäbchen, dessen Ende mit Kupferdraht umwickelt ist. Sie ist auch als Intrauterinpessar oder IUP bekannt. Die Spirale ist zwischen 2,5 und 3,5 cm groß und wird von der Frauenärztin in die Gebärmutter eingesetzt. Vorteil der Spirale ist, dass sie, einmal richtig an Ort und Stelle, bis zu 5 Jahre lang in der Gebärmutter bleiben kann, ohne dass du ständig an Verhütung denken musst. Nachteil ist, dass durch die Spirale die Monatsblutung verstärkt werden kann und es zudem zu Entzündungen im Beckenraum kommen kann. Zudem sollte der korrekte Sitz der Spirale jedes Jahr durch die Frauenärztin kontrolliert werden. Die Spirale schützt nicht vor sexuell übertragbaren Krankheiten.

Andere **hormonelle Methoden zur Verhütung** außer der Pille bieten **die Dreimonatsspritze, der Vaginalring, das Verhütungspflaster und das Verhütungsstäbchen**. Auch sie müssen von der Frauenärztin verschrieben werden. Sie wirken durch entsprechende Hormonabgaben auf deinen Zyklus und verhindern eine Schwangerschaft. Da sie im Vergleich zur Pille relativ teuer sind und auch teilweise stärkere Nebenwirkungen haben, werden sie für sehr junge Mädchen in der Regel nicht verschrieben. Zudem schützen auch sie nicht vor sexuell übertragbaren Krankheiten.

FORTSETZUNG AUF DER NÄCHSTEN SEITE

Die **Symptothermale Methode** ist eine natürliche Methode, die auf der Beobachtung der Aufwachtemperatur (Basaltemperatur) und Beschaffenheit des Muttermundschleims (Zervixschleim) basiert, denn auf diese Weise lassen sich die fruchtbaren Tage in deinem Zyklus bestimmen. Während und nach deinem Eisprung ist deine Körpertemperatur um 0,5 C° höher als sonst und der Zervixschleim glasigklar. Vorteil: Keine hormonellen oder mechanischen Eingriffe in deinen Zyklus, du bekommst ein gutes Körpergefühl für dich (manche Mädchen spüren sogar den Eisprung). Nachteil: Absolut unsicher zur Empfängnisverhütung und nicht geeignet für junge Mädchen.

WICHTIG!

Bei ungeschütztem Sex können eine Reihe von Krankheiten übertragen werden, egal ob oral, vaginal oder anal, egal ob homo oder hetero. Wichtig ist, sich ausreichend zu schützen, vor allem bei wechselnden oder unbekannten Sexualpartnern. Noch wichtiger ist es, bei den ersten Anzeichen und Unsicherheiten sofort zum Arzt zu gehen, falsche Scham kann lebensgefährlich enden. In den allermeisten Fällen sind sexuell übertragbare Krankheiten gut und aussichtsreich behandelbar oder können wie im Fall von HIV oft wenigstens zum Stillstand gebracht werden. Grundsätzlich ist gute Körperhygiene wichtig, auch bei deinem Sexualpartner. **Das Kondom bzw. Femidom ist das einzige Verhütungsmittel, das dich vor der Übertragung sexueller Krankheiten schützt!**

IM FALL DER FÄLLE

Sollte es trotz aller Verhütungsmaß-
nahmen zu einer ungewollten
Schwangerschaft kommen, gilt es
Folgendes zu wissen und zu beachten:

⭐ **Schwangerschaftsabbrüche** bis zur 12. Schwangerschaftswoche
sind in Deutschland laut § 218 rechtswidrig, aber nicht strafbar, wenn
sich die Schwangere zuvor in einer Schwangerschaftskonfliktberatungs-
stelle hat beraten zu lassen.

⭐ **Reden hilft:** Ob Freundin, Eltern, Arzt. Auch Beratungsstellen wie
Profamilia oder Caritas helfen garantiert weiter, zunächst auch unter
Schweigepflicht.

⭐ **Und:** Bitte keine Vorwürfe, jetzt gilt es eine gute Entscheidung für
die Zukunft zu treffen.

⭐ **Gut zu wissen:** Bei Minderjährigen müssen die Eltern Unterhalt für das
Baby zahlen, später dann der Junge, ggf. springt auch das Jugendamt ein.

Küssen, Knutschen, Fummeln – Petting ist zärtlicher Sex ohne Geschlechtsverkehr. Beim Petting berühren und erregen Junge und Mädchen sich gegenseitig mit Händen und Mund, ohne dass der Penis in die Scheide eingeführt wird. **Mit oder ohne Klamotten, dafür mit ganz viel Gefühl und Leidenschaft** werden gegenseitig sensible Körperstellen erkundet, zum Beispiel Ohrläppchen, Achselhöhlen, Arme, Wirbelsäule, Bauch, Brustwarzen, Kniekehle und natürlich auch die Genitalien (siehe dazu auch „Kribbeln und Krabbeln überall" auf Seite 73). Petting ist eine wunderbare Möglichkeit, sich und den Körper des anderen lustvoll und mit allen Sinnen kennenzulernen. Und außerdem **eine gute Gelegenheit, die Scheu zu verlieren, sich nackt zu zeigen.**

Oralsex bedeutet Sex mit dem Mund.
Cunnilingus nennt man es, wenn der Partner
Vulva und Klitoris des Mädchens saugt,
leckt und küsst. Als **Fellatio** bezeichnet man
es, wenn der Partner Penis und Eichel des
Jungen in den Mund nimmt, saugt, küsst
und leckt. Man sagt auch „Blowjob" oder
„einen blasen" (obwohl es mit blasen
eigentlich gar nichts zu tun hat). Beide
können durch Oralsex zum Orgasmus kommen. Auf diesem Weg
können Geschlechtskrankheiten übertragen werden, ein Kondom schützt
davor (siehe auch „Das Kondom" auf Seite 80/81).

Wenn der Junge erregt ist, wird sein Penis hart, groß und
steif. Das nennt man eine **Erektion.** Wenn er zum
Höhepunkt kommt und einen Samenerguss hat,
achtet darauf, dass kein Sperma in die Scheide
gelangt. **Verhüte immer!** (Mehr über Verhütung
findest du ab Seite 78.) Jungs haben während
der Pubertät (noch) wenig Kontrolle über ihre
Erektionen. Sprich: Der Penis führt ein Eigenleben,
mit dem sein Besitzer nicht immer einverstanden
ist. Manchmal kommen Jungs ganz schnell
zum Samenerguss, manchmal macht ihr Penis
zwischendurch einfach schlapp. **Auch Jungs
brauchen Zeit, um ihre Sexualität zu entdecken.**

MITEINANDER SCHLAFEN

7

Geschlechtsverkehr ist das offizielle Wort für eine schöne Sache, nämlich das gegenseitige Eindringen und Verschmelzen mit dem anderen Körper. Andere sagen auch Liebe machen, Sex haben oder miteinander schlafen. Biologisch gesehen dient der Geschlechtsverkehr der menschlichen Fortpflanzung und natürlich macht es vor allem Spaß, weil in der Regel nur zwei miteinander schlafen, die sich lieben und gut verstehen und ihre Körper gegenseitig lustvoll und erregend empfinden. Dann dringt der Junge mit seinem steifen Penis in die Scheide des Mädchens ein und beide bewegen sich sanft und rhythmisch hin und her. Das finden Mädchen wie Junge erregend und schön und irgendwann entlädt sich ihre sexuelle Erregung in einem Orgasmus (siehe dazu auch „Von wegen Orgasmus(s)" auf Seite 78/79).

> Die **JUNGFERNHAUT** oder besser das Hymen ist ein kleines Häutchen im Scheideneingang, das keine Funktion besitzt, wie neuste Forschungen bewiesen haben. Stell es dir vor wie einen Minidonut, der bei jedem Mädchen unterschiedlich dick und dehnbar und bei manchen gar nicht vorhanden ist – deswegen tut der einen das Eindringen mehr, der anderen weniger weh.
>
> INFO

Miteinander schlafen kann man in verschiedenen Stellungen auf verschiedene Weisen und jedes Paar entwickelt im Laufe der Zeit seine Vorlieben: Der Junge liegt auf dem Mädchen oder umgekehrt. Oder das Mädchen sitzt auf seinem Schoß oder er liegt hinter ihr ... für den Anfang finden viele die „Missionarsstellung" (also Junge liegt auf Mädchen) am einfachsten, weil dann der Penis leichter in die Scheide eindringen kann.

Das erste Mal miteinander schlafen ist aufregend und vielleicht nicht immer so großartig, wie man sich das erträumt. **Wann „es" so weit ist, bestimmst alleine du und ob du dich reif genug fühlst.** Wenn Junge und Mädchen beide stark erregt sind, kann der Junge leicht eindringen, weil die Scheide feucht ist und sein Penis hart genug. Der Junge bewegt seinen Penis dann rhythmisch in der Scheide und das Mädchen ihr Becken, sodass es sich für beide schön anfühlt. Dabei können sie sich auch gegenseitig küssen, mit den Händen streicheln, den Kitzler des Mädchens stimulieren ...

FRAGEN ÜBER FRAGEN

⭐ **Warum tut es ihr beim ersten Mal weh?**
Das muss es nicht. Aber vor lauter Aufregung verkrampft das Mädchen manchmal und „macht dicht", weshalb das Eindringen zwangsläufig nicht so angenehm ist.

⭐ **Wie schlafen zwei Jungs miteinander?**
Jungs können auf ganz unterschiedliche Weise Spaß miteinander haben und sich gegenseitig verwöhnen, oft mit Oralsex; Fortgeschrittene, indem sie Analsex praktizieren. Dazu dringt der eine mit seinem erigierten Penis in den (vorher gut gesäuberten) After des Partners ein und kann dabei wiederum dessen Penis stimulieren. Beim Analsex sollte immer ein Kondom verwendet werden!

⭐ **Wie schlafen zwei Mädchen miteinander?**
Mädchen können sich gegenseitig mit verschiedenen Techniken Lust verschaffen, mit Oralsex; manche lesbische Paare nehmen aber auch Sexspielzeug zu Hilfe, um das Eindringen zu simulieren (für Fortgeschrittene). Setzen sich beide im Scherensitz zueinander, können sie ihre Genitalien aneinander reiben und erregen, bis sie zum Orgasmus kommen.

Jetzt geht's erst richtig los!
Ein Mädchen zu sein, eine Frau
zu werden, ist heute eine ganz
schöne Herausforderung – und
großartig zugleich. **Denn noch
nie in der Geschichte der
Menschheit hatten Frauen und
Mädchen so viele Rechte und
Möglichkeiten wie heute.** Es
ist noch gar nicht so lange her, da durften
Frauen nicht wählen. Oder studieren. Oder nur mit der Erlaubnis ihrer Männer
arbeiten gehen. Mussten Röcke tragen. Durften bei Olympia keinen Marathon
laufen. Oder Fußballmoderatorin sein. Vieles hat sich schon geändert, aber
bis es wirklich Geschlechtergerechtigkeit gibt, wird es noch ein paar Genera-
tionen brauchen. **Und du und deine Freundinnen seid mittendrin!** Ihr könnt
entscheiden, ob ihr Gurken in rosa Gläsern kauft oder die mit dem üblichen
Grün. Ob ihr euch dem Schönheitskonsum-Diktat verschreibt oder lieber euer
Geld für andere Dinge spart. Ob ihr eure Körper von anderen beurteilen lasst
oder selbstbestimmt eure Sexualität entdeckt. Und noch viel wichtiger (und
der folgende Satz ist nicht männerfeindlich gemeint): Ihr müsst keine Ehe
eingehen, um in der Zukunft versorgt zu sein.

Mädchen von heute steht die Welt offen, es gibt immer weniger festgefügte
Rollenmuster. Sie können wählen, ob sie lieber eine „richtige" Hausfrau
sein oder Karriere machen wollen – oder beides, ein, zwei oder drei Kinder
haben wollen oder keines. Und erst recht muss nicht geheiratet werden,
um versorgt zu sein, denn mit einer guten Ausbildung verdienen Mädchen
ihr eigenes Geld und sind finanziell unabhängig.

Glückwunsch, jetzt hast du (fast) alles an Bord, was du brauchst, um deinen Weg zu gehen! Und im Zweifelsfall kannst du hier immer wieder reinblättern und nachlesen ... Wie war das noch mal mit dem Zyklus? Wie funktioniert die Pille? Wie finde ich den perfekt sitzenden BH? Und warum gibt es manchmal dieses schreckliche Chaos der Gefühle?! Vielleicht machst du dir auch deine ganz persönlichen Notizen, wie in einem Tagebuch ...

Auf alle Fälle soll dich dieses Buch ermutigen, deinen Weg zu gehen! Frei, mutig und entschlossen. Unbeirrt von Rollenklischees und gesellschaftlichen Erwartungen, die von klein auf an dich herangetragen werden. **Du bist du, eine wie keine, wunderbar gemacht und garantiert richtig, egal, wer, wie und was du bist.** Und das Allerwichtigste: Du bist nicht alleine! Alle Mädchen auf der Welt sind wie du. Nur anders.

All the best,

Bildnachweis

© stock.adobe.com: S. 2 godfer; S. 3 o. byswat; S. 3 u. MPH Photos; S. 4 l. Delphotostock; S. 4 r. Viacheslav Iakobchuk; S. 6 peshkova; S. 8 StefanieBaum; S. 10 Dzha; S. 11 vladimirfloyd; S. 13 o. l. Tim UR; S. 13 o. r. mates; S. 13 M. Voyagerix; S. 13 u. womue; S. 15 o. evgenyjs1; S. 16 o. Zenzeta; S. 16 u. PhotoSG; S. 19 Flamingo Images; S. 20 JackF; S. 26 gmstockstudio; S. 27 Antonioguillem; S. 28 Gregory Lee; S. 29 masanyanka; S. 30 rh2010; S. 31 Kzenon; S. 32 Markus Mainka; S. 33 Syda Productions; S. 34 Tomsickova; S. 36 Viacheslav Iakobchuk; S. 37 o. akf; S. 37 M. fototheobald; S. 37 u. pilipphoto; S. 38 Antonioguillem; S. 39 u. l. Comodigit; S. 39 u. r. Sergey Novikov; S. 42 grafikplusfoto; S. 43 cometcat; S. 45 Antonioguillem; S. 46 Antonioguillem; S. 48 digitalskillet1; S. 49 goodluz; S. 50 l. diego cervo; S. 50 r. Syda Productions; S. 51 l. Syda Productions; S. 51 r. Günter Menzl; S. 52 Ramona Heim; S. 53 o. kichigin19; S. 53 u. ADDICTIVE STOCK; S. 54 r. torwaiphoto; S. 56 Jürgen Fälchle; S. 57 Dima Aslanian; S. 58 o. Rawpixel.com; S. 58 u. Olesia Bilkei; S. 59 dusica69; S. 62 Syda Productions; S. 65 jovannig; S. 67 o. oneinchpunch; S. 67 u. kazanovskyiphoto; S. 68 o. Vasyl; S. 68 u. Vasyl; S. 69 Victoria M; S. 70 Elena Kovaleva; S. 72 alexmu; S. 74 Drobot Dean; S. 76 JackF; S. 77 Piotr Wawrzyniuk; S. 78 Prostock-studio; S. 79 goldencow_images; S. 80 pioneer111; S. 82 bohbeh; S. 84 u. Cookie Studio; S. 87 o. Stepan Popov; S. 88 o. mikhail_kayl; S. 88 u. oneinchpunch; S. 89 master1305

© premier.shutterstock.com: S. 5 Yulia Grigoryeva; S. 9 Cookie Studio; S. 12 Irina Bg; S. 15 u. Denis Val; S. 24 Rawpixel.com; S. 39 o. Lopolo; S. 40 o. R-Type; S. 40 u. Chutima Chaochaiya; S. 41 Anton Gvozdikov; S. 44 Iakov Filimonov; S. 54 l. Akuma-Photo; S. 55 Little Pig Studio; S. 64 o. Vitalii Matokha; S. 64 u. Tyler Olson; S. 66 oneinchpunch; S. 84 o. Image Point Fr; S. 86 little star; S. 87 u. Barabasa; S. 90 Rawpixel.com; S. 91 Cultura Motion; S. 92 Flamingo Images; S. 93 luaeva

Abkürzungen:
o. = oben; u. = unten; l. = links; r. = rechts; M. = Mitte

Weitere Informationen zum Kinder- und Jugendbuchprogramm der S. Fischer Verlage finden sich auf www.fischerverlage.de

2. Auflage 2022
Erschienen bei FISCHER Sauerländer

© 2019 S. Fischer Verlag GmbH,
Hedderichstr. 114, D-60596 Frankfurt am Main
Alle Rechte vorbehalten.

Mit kinderärztlicher Fachberatung

Umschlaggestaltung, Layout und Satz: Dagmar Herrmann für two-up, Düsseldorf, unter Verwendung der Illustrationen von Bianca Schaalburg
Druck und Bindung: Livonia Print, Riga
Printed in Latvia

ISBN 978-3-7373-5656-5